中国高等职业院校精准扶贫报告

（2013—2020 年）

Zhongguo Gaodeng Zhiye Yuanxiao Jingzhun Fupin Baogao

（2013—2020 Nian）

教育部职业教育与成人教育司　　组织编写

高等教育出版社·北京

内容提要

　　本书为全面回顾总结 2013—2020 年我国高等职业院校精准扶贫的经验和成绩，体现高等职业院校在脱贫攻坚战中的使命担当，坚决打赢脱贫攻坚战。本书分别从人才扶贫、智力扶贫、结对扶贫三个方面，对 2013—2020 年中国高等职业院校精准扶贫工作进行了全景式呈现，彰显中国高等职业院校群体在服务国家重大战略中的担当与作为，体现职业教育服务脱贫攻坚的不可替代作用。

图书在版编目（ＣＩＰ）数据

中国高等职业院校精准扶贫报告. 2013-2020年 / 教育部职业教育与成人教育司组织编写. -- 北京：高等教育出版社，2021.5
　　ISBN 978-7-04-056093-0

　　Ⅰ．①中⋯　Ⅱ．①教⋯　Ⅲ．①高等职业教育－扶贫－研究报告－中国－2013-2020　Ⅳ．①F126②G718.5

中国版本图书馆CIP数据核字(2021)第075850号

策划编辑	叶　波	责任编辑	桑　丽	封面设计　王　洋	版式设计	马　云
插图绘制	黄云燕	责任校对	马鑫蕊	责任印制　赵义民		

出版发行	高等教育出版社	网　　址	http://www.hep.edu.cn	
社　址	北京市西城区德外大街4号		http://www.hep.com.cn	
邮政编码	100120	网上订购	http://www.hepmall.com.cn	
印　刷	北京盛通印刷股份有限公司		http://www.hepmall.com	
开　本	850mm×1168mm 1/16		http://www.hepmall.cn	
印　张	7.5			
字　数	160千字	版　次	2021 年 5 月第 1 版	
购书热线	010-58581118	印　次	2021 年 5 月第 1 次印刷	
咨询电话	400-810-0598	定　价	49.80元	

中国高等职业院校精准扶贫报告（2013—2020年）编写工作委员会

参与单位： 现代职业教育研究院

全国职业院校精准扶贫协作联盟

奥鹏远程教育中心

武汉职业技术学院

支持单位： 全国职业高等院校校长联席会议

中国高等教育学会职业技术教育分会

中国职业技术教育学会高等职业技术教育分会

前　言

2020年，是不平静的一年。一场突如其来的新冠肺炎疫情席卷全球，给人类生命健康带来巨大损害和威胁，深刻影响和改变了人类社会历史进程及世界经济政治发展格局。以习近平同志为核心的党中央统揽全局、科学研判、果断决策，以非常之举应对非常之事，坚持人民至上、生命至上，以坚定果敢的勇气和坚忍不拔的决心，迅速打响疫情防控的人民战争、总体战、阻击战。中国人民在全球抗疫中率先取得了抗击新冠肺炎疫情斗争的重大战略成果，创造了人类同疾病斗争史上的又一个奇迹，充分展现了中国精神、中国力量、中国担当。

2020年，是不平凡的一年。脱贫攻坚、十三五规划收官、全面建成小康社会等一系列重大事件、重大任务、重大战略、重大目标进入总结、收官阶段。中国共产党团结带领全国各族人民，克服各种艰难险阻，在危机中育新机、于变局中开新局，敢于斗争、善于斗争，团结一切可以团结的力量，调动一切积极因素，不断夺取具有许多新的历史特点的伟大斗争新胜利，为实现第一个百年目标奠定坚实基础。

2020年，是具有里程碑意义的一年，也是决战脱贫攻坚之年。打好脱贫攻坚战是社会主义的本质要求，是中国共产党对人民的庄严承诺。习近平总书记在2020年新年贺词中提出："我们要万众一心加油干，越是艰险越向前，把短板补得再扎实一些，把基础打得再牢靠一些，坚决打赢脱贫攻坚战，如期实现现行标准下农村贫困人口全部脱贫、贫困县全部摘帽。"困扰中华民族千百年来的绝对贫困问题在2020年将历史性地画上句号。

党的十八大以来，以习近平同志为核心的党中央高度重视脱贫攻坚工作，把扶贫开发工作纳入"五位一体"总体布局、"四个全面"战略布局，举全党全社会之力，深入推进脱贫攻坚。2015年11月29日，《中共中央 国务院关于打赢脱贫攻坚战的决定》（以下简称"《决定》"）发布，《决定》明确指出："消除贫困、改善民生、逐步实现共同富裕，是社会主义的本质要求，是我们党的重要使命。"党的十九大强调"坚决打赢脱贫攻坚战""让贫困人口和贫困地区同全国一道进入全面小康社会是我们党的庄严承诺"。习近平总书记站在实现"两个一百年"奋斗目标、实现中华民族伟大复兴中国梦的战略高度，把打赢脱贫攻坚战摆在治国理政的突出位置，亲自挂帅、亲自出征、亲自督战，带领全党全国各族人民谱写了人类反贫困历史上的辉煌篇章，取得了重大决定性历史成就，为世界减贫事业做出了卓越贡献。

据统计，截至2019年年底，我国贫困人口从2012年年底的9 899万人减少到551万人，贫困发生率由 10.2% 降至 0.6%，连续 7 年每年减贫 1 000 万人以上。到 2020 年 2 月底，全国 832 个贫困县中已有 601 个宣布摘帽，179 个正在进行退出检查，未摘帽县还有 52 个，区域性整体贫困基本得到解决。2013—2019 年，832 个贫困县农民人均可支配收入由 6 079 元增加到 11 567 元，年均增长 9.7%，比同期全国农民人均可支配收入增幅高 2.2 个百分点。全国建档立卡贫困户人均纯收入由 2015 年的 3 416 元增加到 2019 年的 9 808 元，年均增幅 30.2%。贫困群众"两不愁"（不愁吃、不愁穿）质量水平明显提升，"三保障"（义务教育、基本医疗、安全住房有保障）突出问题总体解决。[①]

中国减贫方案和减贫成就得到国际社会普遍认可。今年脱贫攻坚任务完成后，我国将有 1 亿左右贫困人口实现脱贫，提前 10 年实现联合国 2030 年可持续发展议程的减贫目标。世界上没有哪一个国家能像中国这样在这么短的时间内帮助这么多人脱贫，这对中国和世界都具有重大意义。联合国秘书长古特雷斯表示，精准扶贫方略是帮助贫困人口、实现 2030 年可持续发展议程设定宏伟目标的唯一途径，中国的经验可以为其他发展中国家提供有益借鉴。[②]

教育脱贫攻坚是脱贫攻坚战的重要组成部分。"发展教育脱贫一批"是党中央交给教育的一项重大政治任务，必须坚决完成好。中国职业教育作为一种教育类型，在教育脱贫攻坚中发挥了不可替代的重要作用。自 2013 年习近平总书记首次提出"精准扶贫"概念以来[③]，全国 1 468 所独立设置的高等职业院校坚持以习近平新时代中国特色社会主义思想为指引，以习近平总书记关于教育和扶贫工作的重要论述为根本遵循，主动服务国家重大战略，精准识别、精准帮扶、精准考评，在近八年的精准扶贫工作中团结协作、担当作为、尽锐出战，作出了巨大历史性贡献。

为全面回顾总结党的十八大以来我国高等职业院校精准扶贫近八年的经验和成绩，体现高等职业院校在脱贫攻坚战中的使命担当，坚决打赢脱贫攻坚战，教育部职业教育与成人教育司在 2019 年成功编写《中国高等职业院校精准扶贫发展报告（2015—2019 年）》的基础上，再次组织力量编写了《中国高等职业院校精准扶贫报告（2013—2020 年）》。报告从人才扶贫、智力扶贫、结对扶贫三个方面，对 2013—2020 年中国高等职业院校精准扶贫工作进行了全景式呈现。

一、人才扶贫成绩突出：精准阻断贫困代际传递

近八年，全国高等职业院校在精准阻断贫困代际传递方面成绩突出。面向贫困地区招生 629 万人，为建档立卡等 7 类资助对象提供专项奖助学金资助 204 亿元，贫困学生平均就业率达

---

① ② 习近平总书记 2020 年 3 月 6 日在决战决胜脱贫攻坚座谈会上的讲话。

③ 2013 年 11 月 3 日，习近平总书记考察湘西土家族苗族自治州花垣县排碧乡十八洞村，首次提出"精准扶贫"概念。

92.15%；面向贫困地区开展各类职业技术技能培训 4 643 393 人次，为贫困地区培训致富带头人988 170 人次，有力促进了贫困地区人口稳定就业、精准脱贫，实现"职教一人，就业一个，脱贫一家"，有效改善当地人口素质结构，提高脱贫致富能力，不断提高防贫、防返贫能力（见图 1）。

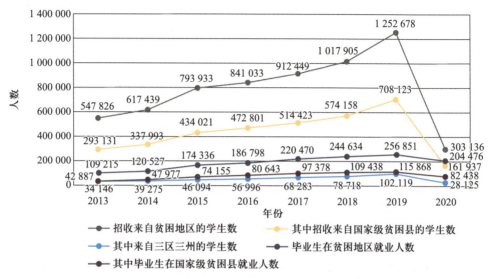

图 1　2013—2020 年全国高等职业院校为贫困地区培养技术技能人才情况

二、智力扶贫成效显著：精准改变贫困地区面貌

近八年，全国高等职业院校在"扶志、扶智、扶技"方面成效显著。在产业扶贫、健康扶贫、生态扶贫、文化扶贫等方面持续精准发力。通过扶持特色产业、项目开发，**实施产业扶贫**，为贫困地区派遣技术专家 76 241 人次，开发特色产业项目 8 421 个，引进产业项目 4 323 个，为贫困地区提供和引进产业扶贫资金 20.04 亿元，开展各类技术服务项目 33 738 个；通过送医送药、提高健康医疗水平，**开展健康扶贫**，为贫困地区输送大专层次医护类人才 363 976 人，完成卫生健康培训 506 184 人次，派遣义诊人员 48 502 人次，培训贫困地区医护人员 354 778 人次，提供各类医疗设备设施及送医送药折合金额达 4 158.28 万元；通过提高环保意识、改善生态环境，**注重生态扶贫**，为贫困地区输送环保类大专层次毕业生 21 245 人，开展贫困地区生态文明培训221 258 人次，为贫困地区提供生态环保技术支持 2 859 项；通过培育文明观念、文化帮扶，**推进文化扶贫**，为贫困地区培养文化艺术类人才 94 833 人，赴贫困地区开展义演、志愿者服务等文化宣传活动 828 107 人次，捐赠图书 284.79 万册，捐建各类文化设施、场所 4 303 个，帮助贫困地区建立乡规民约 5 857 个。大力优化贫困地区发展环境，推动贫困地区经济社会发展，实现从"输血式"扶贫向"造血式"扶贫转变，有力改变了贫困地区的发展面貌。

三、结对扶贫成果丰硕：精准帮扶贫困地区脱贫

近八年，高等职业院校在校村、校校、东西结对扶贫方面成果卓著。按照"六个精准"和"五个一批"要求，加强对贫困地区帮扶力度，精准帮扶贫困地区快速、稳定脱贫。八年来，通过**校村结对扶贫**，全国高等职业院校共派出驻村干部 21 524 人次，对口帮扶贫困村 9 586 个，实现驻村脱贫 575 941 人；通过**校校结对扶贫**，对口帮扶贫困地区学校 9 359 所，派驻贫困地区支教一个月以上教师 16 824 人次，帮扶指导贫困地区学校建设专业 6 646 个，为贫困地区学校培训教师 583 596 人次，为贫困地区建设实训室 2 687 个；为贫困地区捐赠各类教育教学设备设施折合金额达 1.9 亿元；通过**东西结对扶贫**，东、中部高等职业院校面向西部地区招生 686 657 人，对口帮扶西部地区学校 2 598 所，援建西部地区学校专业 2 766 个，为西部地区培训教师 127 340 人次，捐赠各类教育教学设备设施折合金额达 6 385.03 万元。

近八年的实践证明，中国高等职业院校在脱贫攻坚战中展示出不可替代的重要作用，硕果累累，影响巨大，受到社会各界广泛认可，形成了高等职业院校精准扶贫的中国经验。全国高等职业院校为千万家庭培养了第一代大学生，为贫困地区培养了 629 万技术技能人才，开展各类培训 682 万人次，培训创业致富带头人 99 万人次，帮扶数以千万计的人口脱贫致富奔小康。全国高等职业院校通过产教融合、校企合作等方式，影响带动 13 711 家企事业单位、社会组织参与精准扶贫，精准扶贫工作共获地市级以上表彰 2 276 次。

本报告中的数据除特别说明外，均来自"高等职业院校精准扶贫数据采集"平台，数据采集时间范围为 2013 年 1 月 1 日—2020 年 7 月 31 日。截至 2020 年 9 月 22 日 24 时，共有 1 379 所高等职业院校通过数据采集平台填报了数据，并经省级教育行政部门审核通过，占全国高等职业院校的 94%，排除新设立和未招生院校，基本实现了全覆盖。通过平台征集高等职业院校精准扶贫原始案例 988 个，本报告实际采用案例涉及学校 300 多所，占比超 30%。

自 1993 年起，每年 10 月 17 日是联合国大会规定的国际消除贫困日（International Day for the Eradication of Poverty），也称国际灭贫日或国际消贫日。我国于 2014 年，将每年的 10 月 17 日设立为全国"扶贫日"。值此第 7 个全国"扶贫日"暨第 28 个国际消除贫困日即将到来之际，谨以此报告献给在中国共产党的领导下，为中国脱贫攻坚工作做出重大贡献，为中国精准扶贫工作积累宝贵经验、做法、成就的全国高等职业院校工作者。同时也向长期关心、支持、参与中国扶贫事业的社会各界表示崇高的敬意。

《中国高等职业院校精准扶贫报告（2013—2020 年）》编写工作委员会

2020 年 10 月 15 日

目 录

一、人才扶贫

习近平总书记指出："打好脱贫攻坚战，关键在人，在人的观念、能力、干劲。"2013年以来，高等职业院校充分发挥职业教育面向人人、传承技术技能、促进就业创业、改善民生的独特优势，帮助千百万贫困人口成长为技术技能人才，增强脱贫致富的内生动力，走上脱贫致富奔小康的康庄大道。

（一）精准阻断贫困代际传递

在我国很多贫困地区[①]存在贫困代际传递现象。破解贫困的代际传递问题，是脱贫攻坚最难啃的硬骨头。习近平总书记指出："要进一步抓好职教扶贫，让农村和城镇贫困家庭孩子有人生出彩机会，有效阻断贫困代际传递。""一个贫困家庭的孩子如果能接受职业教育，掌握一技之长，能就业，这一户脱贫就有希望了。"在这些重要论述的指引下，高等职业院校聚焦落实"发展教育脱贫一批"目标，精准招生、精准资助、精准就业，实现"职教一人，就业一个，脱贫一家"，用实践走出有效阻断贫困代际传递的中国道路。

1. 精准招收贫困学生

贫困家庭普遍存在受教育程度低、知识技能缺乏、子女升学困难等问题，这些都是造成贫困代际传递的重要因素。高等职业院校积极落实教育部关于招收农村和贫困地区学生的国家专项计划、地方专项计划、高校专项计划政策及高职扩招百万政策，不断加大对贫困地区和贫困人口的招生倾斜力度，同等条件下优先录取建档立卡贫困家庭学生，帮助贫困家庭子女打开通往成功成才的大门，从根本上阻断贫困代际传递。

---

① 贫困地区是指国家重点贫困县（又称国家扶贫工作重点县）、国家集中连片特困地区、省定贫困县和插花贫困地区。其中插花贫困地区是指国家重点贫困县和省定贫困县之外相对比较发达的县（市、区）内的贫困乡（镇）、村。

近八年，全国高等职业院校共招收来自贫困地区的学生 6 286 399 人；其中，招收来自国家级贫困县的学生 3 496 587 人，招收来自"三区三州"①的学生 453 756 人。招收建档立卡等 7 类资助对象 5 119 300 人（见图 1-1-1）。来自贫困地区的学生占招生总数的 25.41%，其中，来自国家级贫困县的学生占招生总数的 14.13%，来自"三区三州"的学生占招生总数的 1.83%。建档立卡等 7 类资助对象占招生总数的 20.69%（见图 1-1-2）。如徐州工业职业技术学院以"招收一名学生，带动一个家庭，服务一个地区"为目标，积极扩大对西部地区的招生规模；云南医药健康职业学院与丽江市教育体育局签订合作协议，优先录取丽江籍贫困生；福建卫生职业技术学院与福建瑞泉护理服务有限公司合作开办护理专业精准技术扶贫委培班，定向招收南平地区建档立卡家庭初中以上学历 16~30 岁青年；石家庄邮电职业技术学院与陕西邮政合作，招收定点扶贫区县 118 名建档立卡贫困家庭学生，校企联合培养合格后输送到邮政企业基层工作，探索形成了"招生、培养、资助、就业一体"教育扶贫模式。高等职业院校精准招生，使得数百万贫困地区、贫困家庭学生有了接受高等职业教育、学习先进技术、掌握精湛技能、走向成功成才的机会，改变了数百万个贫困家庭的命运。

图 1-1-1　2013—2020 年高等职业院校招收贫困学生数量

① "三区三州"中的"三区"指西藏自治区和青海、四川、甘肃、云南四省藏区及南疆的和田地区、阿克苏地区、喀什地区、克孜勒苏柯尔克孜自治州四地区；"三州"指四川凉山州、云南怒江州、甘肃临夏州。

图 1-1-2　2013—2020 年高等职业院校招收贫困学生占比

 **1-1-1**

精准招生　梦想起航

贵州工业职业技术学院积极响应贵州省教育厅号召，面向榕江、剑河等县贫困学子举办精准脱贫订单班。2016—2019 年，学校与瓮福集团、榕江县人民政府合作，累计招收榕江县建档立卡户家庭子女 330 人，按"招生即招工，入校即入企，毕业即就业"的现代学徒制模式培养。"精准脱贫班"在筹建之初就明确了"五个定位"。定生源区域：面向贵州省深度贫困县——榕江；定招生对象：当地建档立卡户贫困生；定资助标准：学生享受国家普惠资助政策、享受学校免除的住宿费和书本费，享受瓮福集团的资助；定培养方案：校企双方共同制定人才培养方案，为贫困生量身打造培养目标；定就业岗位：瓮福集团根据培养方案，为贫困生明确今后的工作岗位。

甘肃钢铁职业技术学院组建酒钢"古浪订单班"。按照中央、甘肃省及酒钢集团关于扶贫开发工作的总体要求，从 2018 年 6 月开始，学校针对国家级深度贫困县——甘肃省武威市古浪县进行定点教育扶贫，组建酒钢"古浪订单班"，定向培养计划涵盖矿物加工技术、钢铁冶炼、有色冶金等 8 个专业。学校现有古浪籍学生 151 人（2018 年招收 74 人，2019 年招收 77 人），截至 2020 年 8 月 20 日，已录取古浪籍学生 100 余人。"古浪订单班"学生毕业时，有意愿进入酒钢集团的，实施就业"绿色通道"。2018 级 74 名学生即将按照有关政策全部进入酒钢集团各基层单位，进行见习性的跟岗实习实践。

新疆石河子职业技术学院精准招收"两后生"（初、高中毕业未能继续升学的贫困家庭中的富余劳动力）。为深入贯彻落实"助力脱贫攻坚行动"要求，加大"两后生"帮扶力度，促进"两后生"稳定就业，2017 年秋季学期，学校招收了来自新疆喀什地区叶城县及伽师地区"两后生"共计 226 名，开设了幼儿教育、烹饪（中式烹调）、汽车维修、电气自动化设备安装与维修 4 个专业。这些学生中，99% 为普通话基础较为薄弱的维吾尔族学生。学校以加强国家通用语言教学为前提，以职业技能培养为核心，全方位提高"两后生"就业竞争能力。如今，2017 级"两后生"已分别安排在石河子、克拉玛依、乌鲁木齐、叶城、和田等地的实习岗位，他们流利的普通话和扎实的专业素养得到了实习单位的肯定。

厦门华天涉外职业技术学院积极配合福建省厦门市翔安区人力资源和社会保障局、教育局与对口帮扶地甘肃省永靖县人力资源和社会保障局、教育局对接。在甘闽两地各级领导的关心和支持下，学校招收永靖县"两后生"，通过校企合作、定向培养、定向就业的模式帮助贫困家庭培养技能人才，实现一人稳定就业、全家脱贫致富的目标。学校于 2019 年 9 月接收第一批 192 名建档立卡户"两后生"来校就读，分布在电子商务、旅游管理、机电一体化、软件技术和市场营销等 5 个专业。与此同时，与厦门弘信电子科技集团股份有限公司签订协议，成立"弘信订单班"，由弘信公司提供实习岗位和毕业后的就业岗位，实现文化教育、实习、就业的一条龙保障。

沙洲职业工学院大规模招收贵州省沿河土家族自治县贫困学生。2018 年以来，在江苏、贵州两地政府和教育部门的大力支持下，学校深入调研、精准发力，通过"1+1"模式开展扶贫（1 位贫困生＋1 份档案）、扶技（1 项技能＋1 个企业）、扶志（1 位辅导员＋1 位心理咨询教师）"三递进"育人，助力沿河县学子更好地成长成才，得到社会各界的一致好评。目前，共有两届 497 名沿河县学子在沙洲职业工学院就读，其中 249 名来自建档立卡贫困家庭。2020 年，张家港市与沿河县又签订了沙洲职业工学院定向投放沿河县 400 个招生计划的协议，进一步扩大招生力度。

毕节工业职业技术学院针对"四类人员"（退役军人、农民工、下岗工人和新型职业农民）扶智助力脱贫攻坚。学校充分利用职业教育优质资源，坚持"掌握一门技术技能、就业一人、脱贫一家"原则，联手毕节市赫章县制订"四类人员"招生办学实施方案，积极宣传动员，针对不同群体特点和受教育状况，完善考试形式和内容，对"四类人员"免予文化素质考试，由学校组织相关专业的职业适应性测试或职业技能测试，合格后发放录取通知书。2019年共招收学生578人，其中，退役军人234人、精准扶贫户212人、农民工及新型职业农民132人。

2. 精准资助贫困学生

资助家庭经济困难学生顺利入学、完成学业、成人成才，是经济困难家庭的需求和期盼，是防止有学龄子女低收入家庭因学致贫和刚脱贫家庭因学返贫的有效手段，是阻断贫困代际传递的关键。高等职业院校在每年高考录取前深入贫困乡村宣传国家对家庭经济困难学生资助政策，在邮寄新生录取通知书时附送《国家资助 助你飞翔——高校本专科学生资助政策简介》。在新生入学时，高等职业院校为家庭经济困难学生开通"绿色通道"，全方位落实国家奖助学金、国家助学贷款、学费补偿贷款代偿、勤工助学、校内奖助学金、困难补助、伙食补贴、学费减免等多种方式并举的资助政策。

近八年，全国高等职业院校给建档立卡等7类家庭经济困难学生发放奖助学金总金额2 041 838.29万元；减免学费总金额419 729.34万元；提供勤工俭学岗位976 194个（见图1-1-3）。高等职业院校运用大数据等先进技术精准识别、精准资助、精准帮扶，创新构建了各具特色的融物质资助、心灵关怀、精神激励为一体的资助育人体系。如安徽公安职业学院、上海思博职业技术学院、漳州城市职业学院等高等职业院校选派受助学生担任资助宣传大使，回母校、到贫困乡村宣讲国家资助政策。福州墨尔本理工职业学院开展"有情送到家，关爱万里行"的家访活动，许昌电气职业学院开展"冬季送温暖"活动。湖南城建职业技术学院让孤儿免费就读，铁岭师范高等专科学校特地为孤儿、建档立卡学生提供免费就餐；阿克苏职业技术学院困难学生每日花1元即可享受10元标准餐。常州纺织服装职业技术学院以专业社团为平台精准化"扶智助困"，山东艺术设计职业学院帮助困难学生将作业变作品、化作品为商品。北京经济技术职业学院面向受资助学生开启"雏鹰"成长成才育人新模式，江阴职业技术学院开设贫困生成功素质教育项目。2020年新冠疫情期间，苏州市职业大学通过移动互联网开展疫情防控学生应急资助工作，驻马店职业技术学院为学生发放生活补贴和网络补贴，辽宁金融职业学院给予贫困学生每人100元网课流量补助。"应助尽助"保证了家庭经济困难学生入学无忧愁、上学有保障，确保没有一个家庭经济困难学生因贫失学、因学致贫、因学返贫。资助与育人的结合，坚定了家庭经济困难学生刻苦学习、自立自强、成功成才的信心。

图 1-1-3　2013—2020 年高等职业院校资助贫困学生情况

◎ 乌鲁木齐职业大学教师进宿舍与贫困生谈心、为贫困生做心理疏导

◎ 无锡工艺职业技术学院开展资助育人主题的微电影等创作活动

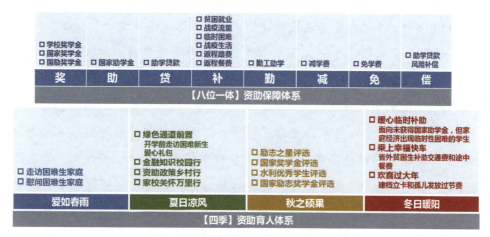

构建"8+4"资助工作体系，筑梦、助学、铸人

◎ 福建水利电力职业技术学院形成全员、全过程、全方位资助育人模式

 **1-1-2**

精准资助　防止因贫失学

漯河医学高等专科学校实施"6+1"精准扶贫行动。学校80%左右的学生来自农村，其中家庭经济困难学生占在校生总数的20%以上，而物质和精神都困顿的"双困生"占了很大比例。学校在对贫困生进行精准认定的基础上，有针对性地开展帮扶活动，引导学生

物质精神"双脱贫"。"6＋1"精准扶贫行动旨在通过"精准帮扶教育"，助力学生成长成才。"6"即入学送岗位、节日送关怀、放假送路费、家访送关爱、寒冬送温暖、生日送祝福等，"1"为关注学生心理健康。在对学生的帮扶中，注重基础性帮扶与针对性帮扶相结合、注重精准扶贫与文化育人相结合，形成了"6＋1"长效精准扶贫机制。一大批受到帮扶教育的学生自强自立、健康成长，并且积极回报社会。2020 年，张婷婷、刘茹梦、董彦歌等百余名优秀毕业生奔赴抗疫一线，诠释医者的使命和担当。

江西旅游商贸职业学院依托大数据分析和特殊困难群体学生排查机制，初步建立覆盖资助对象、资助力度、预算分配、资金发放的精准资助工作体系。在资助对象方面，根据全国学生资助管理信息系统的重点保障人群数据和逐班逐人开展的人工排查，确保不遗漏一人。在精准资助力度方面，学校 2019 年 9 月向家庭经济困难的新生发放爱心包裹 327 套，2019 年 11 月初向全部特殊困难群体学生发放近 40 万元的临时生活补贴，2020 年 3 月对参与基层疫情防控志愿者、滞留湖北和一线医务工作者子女等学生发放疫情防控期间临时生活补贴共计 11.6 万元，5 月向复学返校的建档立卡贫困家庭学生发放爱心健康礼包 393 套，7 月对参加江西省专升本考试的 69 名建档立卡贫困家庭学生发放补助 8 970 元。

苏州高博软件技术职业学院启动高博"爱心小屋"公益项目，创新资助育人的途径和方式。"爱心小屋"是以爱心超市为主的资助平台，定期对家庭经济困难学生进行物资资助，受助学生可按每月的补助标准以受助券兑换所需的生活物资。开学时，家庭经济困难学生可通过走"绿色通道"，获得无辨识的爱心兑换券，前往兑换生活物资，帮助学生顺利入学，减轻生活压力，使学生感受到学校给予的人文关怀，使其有更多的精力投入到学习中去。对家乡偏远或有传统手工艺特长的受助学生提供创业机会，将这些学生的家乡特产、传统手工艺品在"爱心小屋"进行代销，获得的收入全部归受助学生所有，既可以减轻学生及其家庭的经济负担，又可以通过学生的努力，改变其人生轨迹。截至目前，"爱心小屋"公益项目累计已完成贫困学生资助 3 088 人次。

3. 精准帮扶贫困生就业

促进贫困家庭毕业生就业，提高贫困家庭收入水平，带动贫困家庭稳定脱贫致富，是教育扶贫的意义所在。高等职业院校与行业领先企业合作办学，大力推行现代学徒制、订单培养，通过招生招工一体化的方式提前解决一部分家庭经济困难学生的就业忧虑。高等职业院校为家庭经济困难学生建立专门台账，配强"一对一""多对一"结对帮扶力量，采取职业指导、技能培养、就业服务、创业支持等"一条龙""集成化"就业帮扶举措，提高贫困家庭毕业生就业能力。如苏州信息职业技术学院对贫困女大学生开展名为"赢在大学"的就业创业技能提升训练项目，帮助她们树立积极的人生态度和正确的职业观，全面提升综合素质；南京交通职业技术学院开办"励志菁英学校"，提升贫困生演讲口才及人际交往能力；唐山职业技术学院建立鹏宇众创空间（市级众创空间），开辟小微特色创业项目，培养贫困学生创新意识和创业能力；重庆公共运输职业学院与重庆市轨道交通（集团）有限公司、中国铁路成都局集团有限公司等企业联合开办订单班，使 491 名贫困生有了被国企优先录用的机会。2020 年新冠疫情期间，高等职业院校加大对贫困家庭毕业生的帮扶力度，为每名贫困家庭毕业生推荐 3 个以上就业岗位，向企业重点推荐贫困家庭毕业生，努力为每一个贫困家庭毕业生落实就业。

近八年，全国高等职业院校贫困家庭毕业生平均就业率为 92.15%，高于全体毕业生平均就业率 0.9 个百分点；2020 年，贫困家庭毕业生平均就业率更是超过全体毕业生平均就业率近 5 个百分点（见图 1-1-4）。贫困家庭毕业生平均就业起薪虽然略低于全体毕业生平均水平，但 2020 年已基本持平（见图 1-1-5）。贫困家庭毕业生顺利就业，在自食其力的同时回馈家庭，实现了"职教一人，就业一个，脱贫一家"，阻断了贫困的代际传递。一部分贫困家庭毕业生还通过创业，带动了更多的乡亲脱贫致富。

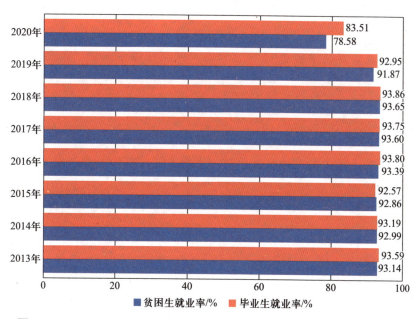

图 1-1-4　2013—2020 年高等职业院校贫困家庭毕业生平均就业率

图 1-1-5　2013—2020 年高等职业院校贫困家庭毕业生就业起薪

 **1-1-3**

精心帮扶，一人就业，全家脱贫

　　黔南民族职业技术学院 1 万余在校生中，贫困生占 40.7%，其中精准扶贫户子女占 33.4%。学校指导贫困生做好职业规划，明确职业目标和路径，通过"开小灶，吃小炒，多吃精吃"强化贫困生技能提升，帮助贫困生打好职业发展基础。学校设立"吉利汽车班"等 10 个校企合作班，优先推荐贫困生就业。2019 年，贫困生 100% 就业。

　　黔南民族医学高等专科学校 2016 年以来与广州市技师学院联合开办健康服务与管理专业，专门招收黔南布依族苗族自治州各县市贫困家庭学生，为珠三角地区订单式培养健康服务与管理人才。目前，已有的两届毕业生全部就业，其中 64 人在广州泰康之家·粤园、广东泰成逸园等 10 多家中高端养老机构就业，月收入最低 0.5 万元，最高 1.2 万元。这一成功实践，不仅解决了学生家庭的脱贫问题，还探索了"职教一人，就业一人，脱贫一家"的新模式。

　　大庆医学高等专科学校 70% 的学生来自农村，很多学生家境贫寒。为了拓宽学生的就业渠道，给有出国意向的学生创造国外学习深造和就业的机会，学校开设涉外护理专业，在加强护理专业知识和技能培养的基础上强化外语能力培养，学生毕业时可获得毕业证、护士资格证、外语等级证。2011—2019 年，共有 111 名毕业生在新西兰、日本、加拿大、美国、沙特等国家学习与就业，越来越多的农村学生通过高质量就业实现全家脱贫。

　　唐山工业职业技术学院为每一位寒门学子提供"知识改变命运，技能成就人生"的有效脱贫路径。技能脱贫的优秀典型张艳征，获欧亚世界技能高科技公开赛银牌、全国职业院校技能大赛一等奖、中国技能大赛一等奖等国内外技能大赛奖项 10 余项，获得河北省向善向上好青年、河北省技术能手、河北省"五一劳动奖章"等荣誉称号。很多像张艳征一样的寒门学子，练就精湛技能，拥有稳定工作，有效改善了家庭的生活状况。

　　贵州工商职业学院在 2020 年新冠疫情期间制订兜底式就业帮扶计划，落实"学校总包、党员教师包户"制度。校党委带领 7 个党支部 198 名党员教师，对建档立卡贫困生实行一对一"包保"责任制，为有就业意愿并愿意接受学校帮扶的建档立卡贫困户毕业生提供 3 个以上工作岗位信息，确保所有建档立卡贫困毕业生顺利就业。按 2020 届未就业毕业生生源地分布情况，校领导带队成立九个地州市专项领导小组，走遍了贵州 9 个地州市、79 个县区，累计驱车 19 030 公里，走访 161 名未就业毕业生，其中包含 123 名建档立卡贫困毕业生。学校一对一为学生推荐岗位，现场指导学生制作投递简历，传授面试技巧，帮助 98 名毕业生成功进入中国电建集团西北勘测设计研究院有限公司、中国水利水电第七工程局有限公司、宏立城集团、万科物业发展有限公司、贵州永辉超市有限公司、贵州博睿广告有限公司、普安崇义精神病专科医院等单位就业。

（二）精准培养本土化技术技能人才

　　人才是脱贫攻坚的第一资源。长期以来，贫困地区"招人难""留人难"问题一直比较突出，人才匮乏、人口素质不高是限制贫困地区发展的重要因素。习近平总书记指出："贫困地区最缺的是人才""要积极培养本土人才"。高等职业院校以"下得去、干得好、留得住"为目标，定向招生、免费就学、定制培养、定向就业，引导支持毕业生到贫困地区就业创业，探索出了贫困地区本土化人才队伍培养的高职模式。

1. 面向贫困地区输送技术技能人才

　　要彻底改变贫困地区产业发展缓慢和教育、文化、卫生等公共事业落后的状况，提高贫困地区经济、教育、文化、医疗卫生发展水平，离不开本土化高素质技术技能人才。贫困地区高等职业院校扎根当地、立足区域实际，在现代农牧业、文化旅游、民族医药等区域特色优势产业领域和急需的社会管理领域，积极落实国家和地方"一村一名大学生计划""百万高素质农民学历提升行动计划""本土人才培养计划""一村多名大学生计划""农民大学生培养计划""乡村医生定向委托培养计划""乡村教师定向培养计划"等政策，为贫困地区培养输送大批技术技能人才。东部地区高等职业院校与中西部贫困地区合作定向招生，为贫困地区培养急需的现代制造业、战略性新兴产业、现代服务业人才，破解贫困地区用人难问题。

近八年，全国高等职业院校向贫困地区输送技术技能人才 1 517 307 人。其中，向国家级贫困县输送技术技能人才 650 784 人（见图 1-2-1）。高等职业院校尤其是贫困地区高等职业院校，已经成为贫困地区"用得上、留得下"的本土化人才主要培养基地。高等职业院校输送的毕业生扎根贫困地区，支撑区域产业发展和教育、文化、卫生等公共服务水平提高，成为贫困地区脱贫攻坚的中坚力量。

图 1-2-1　2013—2020 年高等职业院校毕业生在贫困地区就业情况

◎ 铜仁幼儿师范高等专科学校 2019 届毕业生冉义飞担任新疆维吾尔自治区阿克苏地区库车市阿拉哈格镇英萨四村小学校长

 **1-2-1**

定向招生，定向就业，干得好，留得住

云南能源职业技术学院扩招解决煤炭行业专业人才紧缺的矛盾。煤炭行业在云南省经济发展中的地位日益凸显，但是，煤矿从业队伍整体学历层次偏低、专业人数严重不足的现象普遍存在。2019 年，学校以煤矿开采技术、工程测量技术、安全技术与管理、机电一体化技术这 4 个煤炭类主体专业为依托，联合云南省能源局和云南省煤炭优质企业，面向贫困村村民等社会人员开展扩招工作，共录取 1 633 人，合作开展"现代学徒制"教育，努力解决煤炭行业专业人才紧缺的矛盾。

四川电力职业技术学院作为国家电网四川电力的教育培训机构和四川省省直高校，认真贯彻省委省政府和国家电网有限公司对扶贫工作的决策部署，充分发挥校企"双元"育人和职前职后一体化的办学优势，通过"定向招生、定向培养、定点安置"方式为"三州"地区免费培养贫困学生，建立起覆盖招生助学、职业教育、就业服务和技能培训的全方位电力教育扶贫体系，贯通贫困地区电力员工职业生涯全过程，以"四个精准"打造教育扶贫的四川样板。近十年来，累计投入培养经费 4 429 万元，886 名贫困学子受益，逐步成长为"懂双语、留得住、上手快"的本土企业技能骨干，形成"扶志一个、脱贫一家、示范一区"的良好格局。

恩施职业技术学院举办"政府订单班"定向培养乡村教师。2016—2019 年，学校根据湖北省恩施土家族苗族自治州人民政府安排，招收本州符合条件的建档立卡贫困家庭子女1 675 人，举办"政府订单班"，为恩施州乡村小学和教学点、乡镇公办幼儿园免费定向委培一批急需的小学全科教师和乡村公办幼儿园教师。这一举措，既彻底阻断了贫困代际传递，又为乡村教育培养了一支"本土化、下得去、留得住"的生力军，使乡村学校有了稳定的师资来源。一些毕业生回乡后成长迅速，已经成为当地学校的教学骨干。

江苏电子信息职业学院念好"入""培""出"三字诀，精准培育千名贵州籍高素质产业人才。作为中国大数据中心的重要基地，贵州急需大批支撑大数据产业发展的高素质专业人才。依托信息产业办学的江苏老牌高等职业院校，学校积极服务苏贵教育扶贫协作，2017 年正式开始在贵州招生。2018 年 8 月，学校与贵州省签订《共建贵州籍学生人才培养基地协议》，约定到 2020 年为贵州培养 1 000 名本土高素质技能产业人才。几年来，学校念

好"入""培""出"三字诀，务实推进协议落地，共录取贵州籍学子1 201人。2020届贵州籍毕业生共138人，目前，已就（创）业90人，升学35人。

浙江警官职业学院为中西部地区培养了大量司法行政人才。2013年，为支持中西部地区司法行政队伍建设，学校开始在内蒙古和贵州两省（自治区）开展警察类专业招生，2019年，拓展为青海、贵州、内蒙古三省（自治区）。多年来，学校为中西部地区培养了基层监狱管理专业、劳教管理专业、法律事务专业（司法行政方向）、司法警务专业（法院方向）、司法信息技术专业等1 000余名司法行政人才。其中，自2013年以来，学校总共培养了300名来自国家级贫困县的学生。2019年以来，在原有的基础上，学校主动增加面向西藏、甘肃、云南和四川等西部地区的招生计划人数。

2. 为贫困地区培育创业致富带头人

贫困地区人群普遍思想观念落后保守，需要致富带头人的示范、引领、带动。习近平总书记指出："要加强贫困村两委建设，深入推进抓党建促脱贫攻坚工作，选好配强村两委班子，培养农村致富带头人，促进乡村本土人才回流，打造一支'不走的扶贫工作队'。"高等职业院校积极响应总书记号召，大力实施"新型农业经营主体和新型职业农民培育工程""创业致富带头人培育工程"，依托农林牧渔、旅游餐饮、电子商务等优势专业群，举办"社会主义新农村建设带头人培训班""创业致富带头人培训班"，提高村两委干部履职能力和创业致富带头人的生产经营能力。

近八年，全国高等职业院校面向贫困地区培训贫困村创业致富带头人988 170人次。其中，面向国家级贫困县培训贫困村创业致富带头人532 485人次（见图1-2-2）。如许昌职业技术学院成立以院长为组长的农民教育培训工作领导小组，"课堂移村口，师生到田头，成果进农户，论文写大地"，就地培养爱农业、懂技术、善经营的新型经营主体带头人；湖南广播电视大学（湖南网络工程职业学院）设计开发"湖南电大创业致富带头人学习平台"；西宁城市职业技术学院挂牌成立"西宁市村集体经济组织带头人孵化基地"，先后培训村集体经济带头人和党支部书记600人；黑龙江农业职业技术学院驻桦川县苏家店镇新胜村第一书记有意识地推动"把党员培育成致富带头人、把致富带头人培养成党员"；湘西民族职业技术学院实施"农民大学生培养计划"，1 000多名毕业生成为村主干，800多人成为"土专家""田秀才"，500多人成为农村产业致富带头人，创建科技示范基地56个，创办企业及合作社73个，带动周边农户 3 000 余户共同致富。高等职业院校为贫困地区培育了一大批"热爱农村、扎根农村、服务农村"的乡村干部、种养大户、乡村企业经营者、农牧科技明白人、职业经理人、经纪人、乡村工匠、文化能人、非遗传承人，激发了贫困地区创新发展活力，带动了大量贫困农户脱贫。

图 1-2-2　2013—2020 年高等职业院校面向贫困地区培训贫困村创业致富带头人情况

◎ 陕西能源职业技术学院牵手兴平农广校培养职业农民

◎ 怀化职业技术学院教师培训指导创业致富带头人

◎ 平凉职业技术学院承办贫困村创业致富带头人培训项目

 **1-2-2**

培育创业致富带头人，打造"不走的扶贫工作队"

江西农业工程职业学院 2018年在江西省率先提出实施新型职业农民学历提升工程，免学费开展新型职业农民大专层次的学历教育。学校面向家庭农场经营者、专业大户、农民合作社负责人、农业企业经营管理人员、农村基层干部、返乡下乡涉农创业者和农业社会化服务人员等，采取"半农半读、农学结合"的模式培养"爱农业、懂技术、善经营、懂管理"的新型职业农民。课程设置和教学内容选取，突出农业农村特色；教学组织形式，做到理论教学和实践教学相结合、集中学习和分散学习相结合、线上学习和线下学习相结合。目前，大部分学生已经成为当地脱贫致富的带头人，乡村振兴的主力军。例如，泰和县西昌凤翔乌鸡生态养殖专业合作社理事长、江西省家庭农场联合会常务副会长、2018级学历提升班学生彭建军，按照"公司＋农户"的模式，带动全县2 500户农户发展泰和乌鸡养殖，年饲养泰和乌鸡260万只，产值1.7亿元，户均增收1.2万元。

黄冈职业技术学院 大力培育致富带头人，助力老区脱贫致富。学校成立新型职业农民学院，实施一村一名和一村多名大学生计划，招收、培养村两委和创业农民，面向新型职业农民和农场主开展成人学历教育、送教上门；共培养3 000多名农民大学生，其中对接的110个村做到村村有2名以上的大学生带领农民脱贫致富；培养出了湖北省"青年星火带头人"宛习平、"领头羊"周利强等一大批创业致富带头人，做到扶贫先扶智，引导老区人民用勤劳的双手开创美好明天，实现就地脱贫奔小康。

漳州科技职业学院 作为全国新型职业农民培育示范基地，积极开展贫困村创业致富带头人培训班、"同心121"培训项目、"互联网＋农产品"营销与创新等一系列的贫困县新型职业农民培训项目，通过"半农半读、农学交替"的弹性学制培养模式，提高农民的各项技能，促进农民增收，效果显著。截至目前，共开展省市县农业农村部门主办的新型职业农民培训44期，培训人数达3 000余人。2018级学员、南靖县炮生家庭农场负责人肖炮生，将所学专业知识运用到实际生产经营中，不断提高经营管理水平，创新经营理念，进一步提高农场的规模和效益，积极打造"农场产品＋电商平台＋新物流"的商业模式，取得较好成效；同时致富不忘带富，带动周边20多户农户发展种植，户均增收4.5万元以上，对同行业起到示范带动作用。

枣庄职业学院在山东省星火培训基地基础上，与青岛农业大学、枣庄市农村农业局合作成立了枣庄新型职业农民学院，校地共建，市场化运作，以培养有文化、懂技术、会经营、善管理的新型职业农民为目标，着眼于促进农村贫困户的培训增收，集教学、培训、培养和社会服务于一体，为发展现代农业提供强有力的人才支撑。枣庄市新型职业农民学院设立以来，先后举办培训班38期，累计培训新型职业农民近15 000余人次。2020年，学校入选山东省农民教育培训典型十大推介名单，获评"山东省优秀农民培训基地"。

重庆工商职业学院近年来一直承担全市乡镇干部脱贫攻坚的示范培训。2018年、2019年先后培训乡镇干部21期1 530人，2020年计划培训14期1 260人。一大批参加培训的干部在岗位上做出了卓有成效的工作。如荣昌区远觉镇人民政府副镇长严奎，培训后大力发展壮大村级集体经济，实施产业扶贫，采取"公司＋合作社＋农户"的发展模式，以集体经济试点项目带动贫困户增收；万盛经开区青年镇武装部长张强，培训返乡后根据该镇燕石村适合高山蜜蜂养殖的实际情况，将贫困户带上产业发展的道路，实现每户平均增收3 000多元。

江苏城市职业学院利用"一村一名大学生计划"，为每个村庄培养自己的致富带头人。来自扬州市瓜洲镇的村民魏铭，从学校乡镇企业管理专业毕业后，利用掌握的企业管理技术创办扬州晶磊衬布有限公司，从一个年产值只有100多万元的小作坊发展壮大为产值近3 000万元的领头企业，以实业带动全村致富发展。学校通过"一村一名大学生计划"，在全省60个办学点累计培养33 427名毕业生，遍布林业技术、园林技术、畜牧兽医、农村行政管理等领域，带动各行各业为脱贫攻坚贡献力量。

3. 面向贫困地区开展技术技能培训

习近平总书记指出："俗话说得好，家有良田万顷，不如薄技在身。要加强老区贫困人口职业技能培训，授之以渔，使他们都能掌握一项就业本领。"高等职业院校坚持"使无业者有业，使有业者乐业"的办学特点，针对建档立卡贫困户与行业协会、大中型企业、劳务输出机构等合作，灵活采取集中培训和"一对一"精准培训相结合、学校培训和田间地头培训相结合、现场教学和线上教学相结合等多种培训方式，实施适合贫困劳动力的农业技术、民族特色手工艺、电子商务、建筑、家政服务等就业创业培训项目，开展培训就业一站式服务。民族地区高等职业院校针对青壮年农牧民因语言不通而无法就业创业脱贫的问题，同步推进职业技能培训与普通话培训，同步提高青壮年农牧民应用国家通用语言文字能力和职业技能水平。

近八年，全国高等职业院校面向贫困地区开展的各类技术技能培训共计 4 643 393 人次。其中，面向贫困地区贫困人群开展的各类技术技能培训共计 2 456 943 人次，完成贫困地区农村劳动力转移培训 1 102 799 人次（见图 1-2-3）。面向国家级贫困县开展的各类技术技能培训共计 2 164 872 人次。其中，面向国家级贫困县贫困人群开展的各类技术技能培训共计 1 181 740 人次，完成国家级贫困县农村劳动力转移培训 549 549 人次（见图 1-2-4）。成都工业职业技术学院在被称为"生命禁区"的四川省甘孜藏族自治州石渠县，建成全国藏区第一个扶贫技术技能人才培训基地，让贫困群众在家门口学技术成为现实，力求每个贫困家庭至少一人有一技之长；甘肃建筑职业技术学院根据中建集团等建筑类企业用人需要，定向培训技能人员和施工现场一般管理人员，探索形成"精准分类与量身定制结合、送教上门与学徒培训结合、职业介绍与就业推荐结合"的一站式帮扶模式；哈密职业技术学院走向田间地头、工厂车间，积极开展农村剩余劳动力、下岗职工、失业人员职业技能培训和鉴定；如辽宁机电职业技术学院、山东外贸职业学院、陕西警官职业学院、广西工商职业技术学院、重庆信息技术职业学院、抚州职业技术学院、广东南华工商职业学院等为农民开展电子商务培训，增加其农产品销售渠道，帮助农民增产也增收；山东海事职业学院、江苏航运职业技术学院、上海海事职业技术学院、天津海运职业学院、浙江交通职业技术学院等沿海地区高职院校面向中西部地区贫困劳动力开展海员培训，学员取得证书上船后月薪可达万元。高等职业院校面向贫困地区和贫困人群开展的各种技术技能培训和普通话培训，提高了贫困人口的就业和创业能力，使数百万贫困人口成为掌握一技之长的劳动力资源，通过就业创业实现全家增收脱贫，加快了贫困地区脱贫致富的步伐。

图 1-2-3　2013—2020 年高等职业院校面向贫困地区开展技术技能培训情况

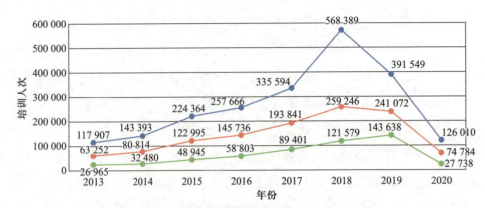

图1-2-4　2013—2020年高等职业院校面向国家级贫困县开展技术技能培训情况

◎ 南通科技职业学院为云南省保山市隆阳区建档立卡贫困户开展电子商务培训

◎ 海南经贸职业技术学院为昌江县水头村村民举办圣女果种植与管理技术精准扶贫培训班

◎ 扎兰屯职业学院为国家级贫困县鄂伦春自治旗和莫力达瓦达斡尔族自治旗的农牧民开展培训

◎ 上饶职业技术学院教师为农民培训大棚蔬菜种植技术

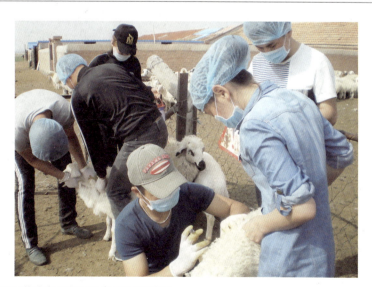

◎ 锡林郭勒职业学院专业教师为牧民现场培训

◎ 长沙航空职业技术学院开展贫困地区农民工入企培训现场教学

1-2-3

培训赋能，脱贫有术

广西建设职业技术学院创"打工课堂"促脱贫，强内生动力谋幸福。广西河池都安瑶族自治县是典型的大石山区国家深度贫困县，村民们文化水平较低，缺乏技术，外出务工人员从事的工作主要是一些简单的体力劳动，收入低且岗位不稳定。2015年，都安县对口帮扶单位广西建设职业技术学院创办了"打工课堂"，利用专业优势，为贫困群众提供"技术＋线上线下培训＋证书＋稳就业"的一站式服务，促进了扶贫工作由"输血式"向"造血式"的根本转变。"打工课堂"服务覆盖广西40个贫困村，共培训5 600多课时，培训村民4 370余人次，推荐就业1 500人。受培训的农民人均可支配收入从2 421元增长到7 200元，增长了197.40%。大部分受培训学员是家里主要劳动力，一人就业能带动全家脱贫。"打工课堂"项目助推受服务的大部分贫困村于2018年提前脱贫，带动了11 050名贫困人口脱贫。

河北女子职业技术学院发挥女性职业教育优势，谱写教育扶贫新篇章。在全国首创"农村妇女中专班"，连续十年在元氏、正定等10个县开班教学，共招收农村妇女中专学员5 000余名。2017年，学校和省妇联联合实施"河北省巾帼精准扶贫十百千培训工程"，在张家口、承德、保定等地区的10个深度贫困县、200个深度贫困村开办成人教育大中专班，免费培训3 100余名农村妇女，使她们成为有文化、懂技术、会经营、能创业、善创新的农村妇女创新创业带头人。2019年，学校和河北省教育厅、省总工会联合开展"求学圆梦行动——农民工学历与能力提升"行动，在雄安新区、承德丰宁等地帮助女性农民工提升学历层次和技术技能水平。目前，已在全省42个县市、247个县、乡、村设立教学点，累计培训农村女性 10.36 万人次，有效提高了农村女性自身脱贫能力，激发了农村女性脱贫内生动力，为阻断贫困代际传递、助力河北脱贫攻坚做出了贡献。

江西冶金职业技术学院发挥培训优势，助力退役士兵技能培训脱贫。2015 年以来，学校在新余市民政局和渝水区、仙女湖区、高新区民政部门指导下，在新钢公司的大力支持下，开展新钢公司及本地退役士兵技能培训共计 5 期，培训学员合计 333 人。在新余市民政局、退伍军人事务局、新钢公司等用人企业的指导和支持下，学校对退役士兵的培训采取了"订单培养"形式，培训部门和企业共同制订培训方案，培训工种及内容既适应了用人单位实际生产需求，为企业提供了有力的人才支持，也为培训学员进入岗位后能向其他近似工种、岗位发展打下实践基础，让用人单位和退伍士兵实现"双赢"。

顺德职业技术学院将贫困劳动力培训成"粤菜师傅"，实现"一人学厨，全家脱贫"。2018 年 6 月 22 日，顺德职业技术学院成立顺德厨师学院，对四川凉山、广东湛江、清远等地的贫困户，高起点、高质量地开展"粤菜师傅"培训。学院将传统厨艺师徒传承与现代烹饪教育有机结合，为每一期学员量身定做课程。课程包含粤菜菜肴制作模板、厨艺理论模板、创业基础理论模板、礼仪训练模板共 4 个模板。聘请了顺德区 46 名中国烹饪大师、中国烹饪名师、粤菜大师为兼职教授，大师们随请随到，精心准备课程，毫无保留地传授粤菜、粤点技艺。为让更多人受益，已先后在甘肃省山丹培黎学校等地建成 3 家顺德厨师学院分院，在广东湛江等地建设 7 家顺德厨师学院校外培训基地。截至 2020 年 7 月，顺德厨师学院共开办各级各类培训班 51 期，培训学员 2 968 人，其中建档立卡贫困户 531 人。目前，2 968 人全部实现就业，531 名建档立卡贫困户全部脱贫。

黔西南民族职业技术学院实施"教育＋人社＋行业"培训就业，催生决胜脱贫攻坚内生动力。自 2019 年 2 月 22 日至 12 月底，学校完成建筑、物流、农村种养殖、应急、卫健、电商、酒店、餐饮、护工等 97 期 10 474 人次的培训，其中，集中培训 63 期 8 393 人次，县（市）乡镇培训 34 期 2 081 人次。4 286 名学员获得学校颁发的结业证书，1 442 名学员获得人力资源和社会保障部门颁发的培训合格证书，1 352 人次获得人力资源和社会保障部门颁发的职业技能鉴定等级证书，1 766 名学员获得行业部门颁发的资质证书。此外，培训安置就业和灵活就业人员 4 856 人。

甘肃畜牧工程职业技术学院找准对口帮扶环县肉羊产业发展这一切入点，先后组织 8

名畜牧兽医专业教师，在全县范围内开展养殖技术培训，传授选种选配、科学饲喂、精细管理、安全防疫、疾病防治等技能，讲授新模式、新工艺、新技术，培训技术人员600余人。驻村帮扶工作队队员发挥专业特长，在各帮扶兄弟单位举办的养殖技术培训班上，讲授牛羊猪鸡饲养管理、疾病防治，累计培训农民400余人次。为提高养殖技术培训效果，便于养殖合作社和养殖户进行自学，学校组织教师编写《养羊关键技术》《养牛关键技术》微视频培训教材，将养殖关键操作技术拍摄编辑成微视频，通过扫描二维码在线观看操作方法，随时随地学习养殖新技术。通过多种形式的养殖技术培训与服务，彻底改变了传统养殖方式，降低了养殖成本，增加了农民收益。

北京社会管理职业学院开展千名养老护理员职业技能培训。按照国家人力资源和社会保障部颁布的《养老护理员国家职业技能标准（2019年版）》《养老护理员国家职业鉴定培训教程》的要求，学校制订了切实可行的片区养老护理员职业技能培训及扶持就业工作方案，设计了"人口老龄化和养老服务业发展现状和趋势""养老护理员职业道德""养老护理员职业工作须知、服务礼仪和个人防护""老年人护理基础知识""怎样才能做一名优秀的养老护理员"等课程。该培训项目历时9个月，共举办培训班8期（江西吉安4期、湖南郴州2期、江西赣州2期），每期培训班均安排170课时以上，培训加鉴定共15天。1 003名学员全部顺利结业，87%的学员取得国家职业资格证书。

浙江舟山群岛新区旅游与健康职业学院从2018年开始，与舟山市妇联、旅游局合作开展"岛居舟山女主人成长项目"。通过微课堂、金宿班、银宿班、成长营、实操课等形式多样、内容丰富的培训，引导、帮助、服务海岛农村妇女发展民宿业。目前已有12 000余人次的民宿女主人参与培训，舟山海岛民宿无论是在数量上还是在质量上，都有了大增长、大提升，大量无业的海岛农村妇女转变成民宿女主人。海岛民宿产业成为渔民、农民创业创收富民的新产业，开启了海岛农村精准扶贫的新模式。

二、智力扶贫

"扶贫必扶智"是习近平总书记提出的重要扶贫方略之一。全国高等职业院校通过提供智力支持，在产业扶贫、健康扶贫、生态扶贫和文化扶贫等方面精准发力，增强贫困地区发展能力，赋能贫困地区群众精准脱贫，在脱贫攻坚战和全面建成小康社会的历史进程中发挥出不可替代的重要作用。

（一）产业扶贫稳定脱贫

扶贫扶长远，长远看产业。习近平总书记指出："产业兴旺，是解决农村一切问题的前提。""产业扶贫是最直接、最有效的办法，也是增强贫困地区造血功能、帮助群众就地就业的长远之计。""发展产业是实现脱贫的根本之策。要因地制宜，把培育产业作为推动脱贫攻坚的根本出路。"高等职业院校通过为贫困地区提供技术服务、项目支持、平台搭建等多种方式，赋能当地产业发展，因地制宜扶持发展特色产业，提高贫困地区自主造血能力，彻底斩断穷根；引导和支持贫困地区每一个有劳动能力的人，依靠自己的双手开创未来，共享美好的明天，扶贫路上不落下一个贫困家庭、不丢下一个贫困群众。近八年的实践证明，全国高等职业院校产业扶贫取得明显成效，切实增强了贫困地区脱贫致富能力，更探索出了高等职业院校产业扶贫模式和长效机制。

1. 提供产业发展技术服务

（1）累计为贫困地区派遣产业扶贫技术专家 76 241 人次

高等职业院校依托自身特色优势专业、技术攻关能力和社会优质资源，组建产业扶贫技术专家团队，将贫困地区所期盼、急需的优质技术和管理资源送到贫困地区，有效帮助贫困地区解决了产业基础比较薄弱、整体发展水平不高、发展技术相对落后、经营管理方式粗放、转型升级需求等现实难题。帮助当地群众开发本地资源、办好特色产业，提高了贫困地区产业水平，并引导贫困地区逐步走上产业创新和可持续发展的稳定脱贫道路。

近八年，全国高等职业院校累计为贫困地区产业扶贫派遣技术专家总数达 76 241 人次，其中为国家级贫困县产业扶贫派遣技术专家 38 547 人次，占派遣技术专家总人次的 50.56%。2020 年尽管受到新冠疫情的影响，到 7 月底派遣总人次仍然分别达到 2013 年的 2.83 倍、3.41 倍（见图 2-1-1），极大地推动了贫困地区产业质量的整体提升与创新发展。如重庆建筑科技职业学院以江欢成院士工作站为载体，院士团队整体规划设计天元乡场镇建设，明显改观乡风、乡态；福建生物工程职业技术学院组建科技服务团队和创新创业团队，在种苗培育、技术指导、成品加工、产品回购等各环节，全程帮扶贫困户种植黄精等中药材；濮阳职业技术学院运用多种技术服务手段对贫困户进行不间断地跟踪帮扶，"手把手"教会农民掌握脱贫致富关键技术。

图 2-1-1　2013—2020 年高等职业院校为贫困地区产业扶贫派遣技术专家情况

◎ 陕西机电职业技术学院教师团队带领万名学子开展扶千村实践活动

案例 2-1-1

专家扎根扶贫一线，解决产业发展难题

重庆工业职业技术学院专家帮扶团制订重庆市巫溪县天元乡万春村《野生猕猴桃产业帮扶技术路线》，围绕野生猕猴桃种苗繁殖、栽培管理、土壤检测分析、品牌开发、电商销售、合作社组建等方面，进行全方位、全过程的技术指导，积极推进野生猕猴桃的规模化、专业化种植。目前，团队已帮扶种植大户及农业公司 20 个，培育出"万春牌"等野生猕猴桃品牌 2 个，建设野生猕猴桃种苗繁育基地 130 亩①，指导 5 个贫困村开发野生猕猴桃林地 3 100 亩。"说啥也没想到，坡上荒了几十年的'洋桃树'能让我走上致富路"，万春村一社社员龚道廉感慨，昔日野山果变成了村民的致富果。

河南工业职业技术学院组建了 12 支科技特派员服务团队，派出 80 余名科技专家，运用高分北斗空间信息技术助力城乡规划、粮食估产、病虫害监测和生态环境保护，与南阳市方城县 50 多家企业 300 多个重点脱贫农户"结对子"，打造"组团帮扶、服务到点"模式，实现人才下沉、科技下乡、服务"三农"，使广大企业和农民有了更多获得感、幸福感。助力企业产品升级，产生经济效益 1 000 多万元；先后无偿转让专利技术 50 多项，为企业开展技术改造 60 余项，创造经济效益 4 000 多万元。

咸阳职业技术学院选派教授团队到宝鸡市扶风县法门镇农林村，编制农林村大红袍花椒种植园建设产学研一体化项目实施方案，开展花椒作物栽培技术培训，积极推广大红袍花椒产业化种植，目前农林村大红袍花椒种植园总面积达 2 310 亩。2019 年种植园开始初挂果，当年收获鲜椒 3 万多斤，创收 20 余万元。2020 年 1 500 亩花椒挂果，收获鲜椒 10 万斤以上，为村民增收 100 万元以上。预计 2 年后全部挂果，农林村花椒年产值将达到 1 000 万元以上，将成为农林村乡村振兴的支柱产业。

甘肃有色冶金职业技术学院选派 5 批 20 名科学研究人员赴甘肃省金昌市永昌县，深入农业生产一线开展科技咨询、产业调研、生产指导和社会观察等，学校食品营养与卫生专业团队指导对藜麦进行深加工，年产值近 500 万元，提供就业岗位 34 个。食品营养团队师生结合地方种植的特产藜麦和腾格里沙漠特有的锁阳，研发出具有地方特色的农产品——藜麦锁阳颗粒茶，延伸了农产品的产业链。

---

① 1 亩 = $\frac{1}{15}$ 公顷。

（2）累计为贫困地区产业发展提供技术服务项目 33 738 个

近八年，全国高等职业院校积极贯彻落实中央和地方有关产业扶贫政策，充分调动校内外相关教学、科技和其他优质资源，为贫困地区产业发展提供技术服务。累计为贫困地区产业发展提供各类技术咨询指导等服务项目 33 738 个，其中为国家级贫困县产业发展提供各类技术咨询指导等服务项目 18 906 个，占到所提供技术服务总量的 56.04%；2020 年分别是 2013 年的 4.25 倍、4.23 倍（见图 2-1-2）。如长沙环境保护职业技术学院专家服务团潜心研究陶岭"三味辣椒"提纯复壮技术，提升辣椒品质，农民收入倍增；徐州生物工程职业技术学院现代农业生物技术重点实验室团队，示范推广高架草莓与食用菌立体套作集成技术，服务贾汪村 2 万亩、草莓种植户 4 000 人，每亩年收入 3 万元。技术正在成为贫困地区产业高质量发展的守护神，也是帮助农民打造拳头产品的硬核力量。精准产业扶贫解决了贫困地区产业发展技术难题，有效推动贫困地区产业发展技术的升级换代，提高了生产效率；同时，更为当地培育出具有地方产业特色的技术攻关团队，留下了一支带不走的工作队。

图 2-1-2　2013—2020 年高等职业院校为贫困地区产业发展提供技术服务情况

◎ 吕梁职业技术学院帮扶临县雷家碛乡白家庄村建成千头猪场

 **2-1-2**

提供精准技术服务，帮扶传统产业升级

重庆安全技术职业学院从2015年开始，选派科技人员在重庆三峡库区推广现代养蜂装备和革新蜜蜂饲养技术，开展蜜蜂全产业链建设的产业精准扶贫实践。采用"干部带头、农民参与、集体领办、职业管理、技术分享、多元发展"模式，创新发展蜜蜂产业，不断完善利益联结机制和经营管理模式，群众参与积极性不断提高，经济效益不断提升。马槽村蜜蜂产业合作社已由46股增加至121股，合作社中蜂已经发展到197群，养蜂大户及村民自发散养的中蜂达到101群。累计带动3800余户农民通过养蜂脱贫、增收、致富，培养蜜蜂产业致富带头人800余名，三峡库区蜜蜂养殖规模由原来不足10万群增长至30余万群，年产值提升超3亿元。

河北司法警官职业学院以科技为引领，走产业升级的特色扶贫之路，帮扶保定市曲阳县郎家庄乡上阁尔村7000亩传统大枣产业改良。上阁尔村大枣年产量近2万吨，由于人工分类、挑选大枣用时较长，加之靠天自然风干，每年的大枣腐烂变质较严重，年损耗达到45%左右，大枣产业长期存在丰收不增收的恶性循环局面。扶贫干部看在眼里、急在心头，为枣农提供大枣储存改良方案，建设烘干车间，确保全村贫困户和其他农户大枣增产增收。

河南农业职业学院多措并举，助力驻马店市正阳县老产业焕发出新生机。正阳县花生种植170多万亩，是全国花生种植第一大县。学校成立技术团队、确定关键技术、制订实施方案，联合正阳新地花生集团有限公司、农民种植专业合作社建立700余亩优质花生绿色高产高效生产技术示范基地，落实统一优质高油品种、统一菌剂改良土壤、统一深耕施肥、统一病虫害绿色防治等技术，带动周边1.2万余亩花生实现规范化种植，农民年均增收268万余元。学校联合河南八个人电子商务有限公司开展技术攻关，改进生产工艺，花生炒货产品质量大幅提高，品种数量也更为丰富，花生附加值和企业利润得到明显提升。培育合作社、家庭农场等新型农业经营主体，实现花生全产业链帮扶，打造精准扶贫的"新引擎"。

中山火炬职业技术学院2012年，学校帮扶肇庆市德庆县武垄镇四围村，充分利用学校师生的资源优势，每个党支部对口帮扶2～3户贫困户，按贫困户的致贫性情况进行具体帮扶。四围村69户贫困户从2012年人均年收入不足2500元，到2015年提高至1.1万元。2016年开始，学校又转战肇庆广宁县横山镇大良村，组织农业种植研究方向博士、教

授 70 多次到户下田，带着学校创业团队的学生到大良村开展蘑菇场、黑皮鸡枞菌基地调研和技术指导，提供黑皮鸡枞菌种植技术和蘑菇保鲜技术，已使黑皮鸡枞菌种植成为横山镇"一镇一业、一村一品"特色产业。

2. 开发引进产业发展项目

（1）累计为贫困地区特色产业发展开发项目 8 421 个

长期以来，由于种种原因，贫困地区大多缺乏产业意识和产业发展规划，虽然大都拥有较为丰富的自然资源禀赋，但祖祖辈辈习惯了守着优势资源过着贫困的苦日子，区域产业发展往往整体实力较弱、水平较低。高等职业院校充分利用技能大师工作室、生产实习实训基地、创新创业孵化基地等校内外教学科研力量，帮助贫困地区，特别是国家级贫困县开发脱贫致富项目，攻克产业发展技术难题、开发新项目、培育新产品，把扶贫"车间"建到乡村，推动贫困地区产业精准扶贫。

实践证明，以项目为牵引的产业扶贫取得了显著效果，贫困地区农民通过发展特色产业走上了脱贫增收致富道路。近八年，全国高等职业院校累计为贫困地区产业发展开发各类项目 8 421 个，其中，为国家级贫困县产业发展开发项目 4 824 个，占开发项目总量的 57.29%。2020年，分别是 2013 年的 5.28 倍、6.71 倍（见图 2-1-3）。如湖北三峡职业技术学院为宜昌市五峰县长乐坪镇苏家河村引进优质猕猴桃种植 245 亩，结对帮扶 39 个贫困户全体脱贫；南阳农业职业学院选派养殖专家指导南召县马市坪乡南坪村，创建高山林下生态养殖产业，为贫困人口持续稳定增收夯实了基础；河南机电职业学院与商丘市民权县人民政府共同组建混合所有制的"河南机电职业学院制冷技术学院"，满足了当地制冷产业技能人才培养需求。高等职业院校产业扶贫实践证明，通过产教融合开发产业发展项目带动脱贫致富这条路将越走越宽阔。

图 2-1-3　2013—2020 年高等职业院校为贫困地区产业发展开发项目情况

◎ 辽宁医药职业学院精准帮扶抚顺市清原县南小堡村建成高品质威灵仙种植基地

 **2-1-3**

因地制宜，助力开发特色产业

山东理工职业学院于 2017 年牵头组建中国光伏农业职业教育集团，建设全国光伏扶贫信息系统，开设光伏发电技术与应用专业；成立由山东省黄大年式教学团队、首批国家职业教育教师教学创新团队担纲的光伏农业技术推广应用服务团队，年均开展培训活动 46 次，培育实用技术 62 项。指导济宁市鱼台县 27 个贫困村、济宁太白湖新区 11 个贫困村建设屋顶分布式光伏精准扶贫电站共计 33 座，济宁市梁山县拳铺镇建设 200 kWp 水上漂浮式光伏精准扶贫电站 2 座，年总收益可达 530 余万元，帮助 800 余户困难家庭实现脱贫。

廊坊职业技术学院选派著名食用菌专家、全国"最美香菇人"、李保国式科技扶贫标兵侯桂森教授带队精准扶贫保定市阜平县。2015 年至 2019 年年底，侯桂森教授在阜平县实地工作时间累计长达 788.5 天。在学校团队指导下，阜平县食用菌产业从零起步，发展至覆盖全县 13 个乡镇 140 个行政村，建起菌棒基地 8 个、高标准香菇产业园 58 个、黑木耳产业园 40 个，建成高标准出菇棚 4 610 栋，年栽培香菇菌棒 6 000 万棒、黑木耳菌棒 1 500 万棒，年产菇耳 5.5 万吨，实现产值 9 亿元，群众增收 2.55 亿元。食用菌产业已成为阜平老区脱贫致富的支柱产业。

黔东南民族职业技术学院充分发挥学校植物组织培养中心功能，以技术支撑黔东南苗族侗族自治州产业脱贫攻坚。黄刚教授在植物组织培养研究与开发应用项目上一干就是 6 年之久，率队共繁殖了太子参脱毒试管苗、草莓苗等 100 万余苗；在国内首次研究出太子参组培快繁技术并成功应用于施秉县中药材基地，首次研究出毛慈菇的植物组织培养快繁技术；在省内第一个实现草莓组培苗产业化生产，并推广应用到福建、广东、湖南等国内十多个省市，每年草莓组培苗推广辐射面积2万多亩，总产值近3亿元，被人力资源和社会保障部、教育部授予"全国教育系统先进集体"荣誉称号。

安徽城市管理职业学院在充分调研基础上，编制实施方案，采取"专业合作社＋贫困户＋村集体"联动发展模式，确定把发展"稻虾共作"产业作为六安市舒城县绕山村脱贫致富和发展壮大集体经济项目。2017年10月，稻虾扶贫产业基地动工建设，二期流转800亩土地，学校投入20万扶贫资金扶持发展。2019年年底，基地稻、虾总产值达100多万元，吸纳20位贫困人口务工，贫困户年均受益1.88万元，上交村集体5.12万元。还带动400多亩土地流转进行稻虾种养，每亩每年净增产值2 000多元，土地流转租金每亩每年使农民增收250元。

（2）累计为贫困地区产业发展引进项目4 323个

高等职业院校利用与行业企业有着天然血肉联系、长期校企合作关系的优势，积极推荐相关行业优质企业、引进优质产业项目到贫困地区，牢牢把握发展产业扶贫这个主攻方向，努力做到贫困地区户户有增收项目、人人有脱贫门路。近八年，全国高等职业院校累计为贫困地区产业发展引进各类项目4 323个，其中为国家级贫困县产业发展引进项目2 335个，占引进项目总数的54.01%（见图2-1-4），2020年分别是2013年的6.62倍、9.91倍。如贵州盛华职业学院关注贫困地区的弱势群体，成立盲人学院，招收培养盲人大学生308人，助力了盲人推拿产业发展；云南工贸职业技术学院引进昆明祖玉兰滇绣艺术改造传统刺绣"花腊裱"，35名傈僳族妇女承接合作社刺绣订单，在家门口实现了收入增长；四川化工职业技术学院引导甘孜州泸定县燕子沟镇跃进坪村，种植优质"雪域大白菜"，种植大户年收入6万元以上，贫困户们称赞驻村干部"瓦吉瓦"（编者注：彝语，"好得很"的意思）。因地制宜引进外部项目，不仅壮大了贫困地区的产业总规模、优化了原有产业竞争格局，而且为贫困地区产业发展注入了新活力、赋予了新动能，有力拉动了贫困地区经济社会发展。

图2-1-4　2013—2020年高等职业院校为贫困地区产业发展引进项目情况

◎ 信阳职业技术学院引进永强种养殖农民专业合作社带领村民种植大球盖菇

案例 2-1-4

充分利用区域资源，引进优势项目激发产业活力

四川中医药高等专科学校引进校企合作单位好医生药业集团有限公司，协调投入资金超 1 亿元，在对口帮扶的四川省凉山彝族自治州布拖县投资建厂，共建中药材种植基地，大力发展中药材种植产业，以产业扶贫助推脱贫攻坚和乡村振兴。学校与好医生药业集团有限公司共建的中药材种植基地面积达 1.45 万亩，惠及 7 个乡镇 30 个村，使 600 余名贫困群众脱贫摘帽。其中，5 500 亩川续断亩产 3 000 斤左右，预计收益可达每亩 4 500 元；7 000 亩附子亩产 800~1 500 斤，预计收益可达每亩 9 000 元；2 000 亩唐古特大黄亩产 8 000~12 000 斤，预计每亩最高收益可达 1.8 万元。

安徽新闻出版职业技术学院帮助六安市舒城县棠树乡窑墩村，通过"党支部＋专业合作社＋种植大户＋贫困户"帮扶模式，共同建设安新农业科技扶贫生态园。生态园一期占地 200 亩、投资 366 万元，已形成以中药材丝瓜络种植、稻虾共养、蔬菜大棚种植为主要特色的现代农业种植产业园，吸纳村民务工 80 多人，其中贫困户 11 户 12 人；农民每亩增收 2 000 元，村民通过土地流转和土地入股分红收入 10 多万元。其中，中药材丝瓜络种植基地生产的丝瓜络不仅中药材价值高，还可以加工制作成丝瓜络拖鞋、儿童枕心、床垫、浴具等生活保健日用品，产品主要出口欧美市场，供不应求、发展空间广阔。

武汉城市职业学院发挥学校国家旅游商品研发中心（武汉）产学研基地优势，通过对中国"楠竹之乡"湖北省咸宁市竹文化的梳理、挖掘，以及竹文化旅游产品的设计、研发及包装推广，深度开发竹文化创意产业，激活湖北咸宁农村地区的竹文化旅游产业活力，增强了脱贫内生动力。2018 年 9 月，学校引进湖北汇圆科技实业有限公司投资 6 000 万元兴建赤壁新工厂，引入高效生产线，组织专业团队进行产品设计和研发，设计的家用竹艺和花器制品获得欧洲订单并投入生产，实现"满山青竹变黄金"。当年就带动赤壁市茶庵岭镇中心坪村和金峰村 157 户贫困人口、680 多人参与到竹加工、竹林养护中，解决近 90 多名留守人员就业问题，每人每月增收 2 000 元左右。

桂林师范高等专科学校采用"党建＋产业＋合作社＋基地＋农户"的模式，帮扶桂林市资源县车田乡车田村发展车田辣椒、车田西红柿产业，仅农副产品粗加工项目每年就可为村级集体经济带来 4.5 万元的收益，可吸纳 30 户贫困户就近就业；同时，还可收购加工 180 户贫困户的农产品，使贫困户生产、销售两头旺，户均最低增收 2 000 元，得到广西网络电视台、人民网等多家媒体的广泛宣传报道。

（3）累计为贫困地区推动转化科技成果 4 377 项

高等职业院校拥有大量的发明专利、生产工艺、实用技术等科技成果，主动对接贫困地区产业需求，将丰富的科教优势资源转化为现实的扶贫生产力。近八年，全国高等职业院校累计在贫困地区产业扶贫中推动转化科技成果数量达 4 377 项（见图 2-1-5），2020 年是 2013 年的 5.78 倍。如莱芜职业技术学院根据山东省济南市莱芜区苗山镇农业发展的现状与需求，提倡教授把论文写在苗山镇的田野上；铜仁职业技术学院组织众多"脚上有泥、手上有茧、心中有民"的"天麻"教授、"牛"教授、"果树"教授、"蘑菇"教授、"蔬菜"教授进村入户，手把手教农民发展种植业、养殖业，帮助他们增收致富。

图 2-1-5　2013—2020 年高等职业院校在产业扶贫中推动转化的科技成果情况

◎ 九江职业大学食用菌教学科研成果转化建成食用菌

 2-1-5

积极推动科技成果转化，促进产业扶贫增活力

东营职业学院针对黄河三角洲盐碱地实际情况，依托学校食品药品工程技术研发中心和众创空间两个国家级协同创新平台，组建中草药创新团队，发展中草药耐盐碱种植技术体系，获得专利 30 余项，推广耐盐碱中草药品种 20 余种及配套技术 6 项。帮扶山东省滨州市无棣县车王镇产教融合创建了"科研＋基地＋农户＋专业社"的科技精准扶贫新模式，实现了耐盐中草药优良品种筛选、盐碱地栽培管理、产品加工等一系列核心技术成功转化。学校推广中草药耐盐碱技术和金银花林下种植高效生产技术，指导在 1 500 亩枣树、皂角等幼龄树的河滩地上，套种薄荷 300 亩、金银花 500 亩，吸纳 300 名贫困群众就业，走出一条"林下中草药"带动村增收、户脱贫的脱贫攻坚新路子。

渭南职业技术学院投入资金 114.77 万元，建成渭南市现代果业综合试验产学研一体化示范基地，现有科研试验田 200 亩，其中猕猴桃高产示范区 50 亩、葡萄优质栽培示范区 55 亩、苹果新品种试验区 5 亩、柿子综合利用产品研发田 45 亩、新品种试验区 45 亩。通过试验示范，开展葡萄现代栽培技术试验、猕猴桃现代栽培技术试验、果树土壤改良试验、有机栽培适应性综合试验、农作物生物防治、苹果新品种区域试验、当地酥梨改良新品种选育与试点，总结出相关技术要点和适合于当地栽培的品种及适用的系列农资产品，有力地促进当地农业生产。

潍坊职业学院选派农业专家到西藏自治区日喀则市聂拉木县进行野生人参果产业化开发，将野生人参果开发作为群众脱贫致富的重要产业项目。学校先后选派五批专家12人次赴西藏开展技术指导和培训，编制《引种驯化及标准化种植技术规程》，实现了项目研究、技术推广、成果转化和产业开发同步推进。学校帮助引入农业合作企业，实现校、企、政三方联动，创新西藏人参果种植推广模式，在当地建立了380亩人参果种植推广基地，亩产可达250～500公斤、经济效益近1.5万元，试验基地总体效益达500余万元，成为当地脱贫致富的重点发展产业。

石河子工程职业技术学院帮扶新疆生产建设兵团第十四师二二四团十二连墨玉县雅瓦乡，将和田桑蚕研究所科研成果和技术，应用到帮扶对象的生产实际中，帮助兵团职工种植桑苗2 500亩，总计220万株。学校邀请阿勒泰市北屯镇葫芦瓜种植技术专业团队，现场指导十二连职工在桑苗地套种葫芦瓜种并帮助联系北京买家，包销葫芦瓜，帮助二二四团十二连全部脱贫致富。

（4）累计为贫困地区产业扶贫提供或引进资金20.04亿元

习近平总书记指出："脱贫攻坚，资金投入是保障。"按照投入2万元大体解决一个农村贫困人口问题，测算7 000多万农村贫困人口脱贫需要投入1.4万亿元。西部地区特别是民族地区、边疆地区、革命老区、连片特困地区，贫困程度更深、扶贫成本更高。当前产业扶贫，资金固然是瓶颈，但资金分配和使用效率更是关键。数据显示，近八年全国高等职业院校紧紧抓住资金这个关键点，以各类扶贫项目为载体，持续为贫困地区提供或引进产业扶贫资金（含设备设施、技术转让折算资金）20.04亿元，其中为国家级贫困县提供或引进产业扶贫资金8.57亿元，占资金支持总额的42.76%。各类资金的引入，为贫困地区，尤其是国家级贫困县的产业发展提供了有力的资金保障。同时，由于缺乏启动资金，众多贫困地区产业脱贫困难重重。各地高等职业院校一方面积极寻求多种途径灵活筹措启动资金，帮助贫困地区发展当地特色产业。另一方面，按照产业发展规律积极提高扶贫资金使用效益，逐步引导贫困地区构建相对完整的扶贫产业链，尽可能提高农民整体收益。

 **2-1-6**

多措并举，充分发挥扶贫资金效益

湖北城市建设职业技术学院对口帮扶湖北省神农架林区阳日镇阳日村，出资购置一批编织工具，借助村农耕源合作社，组织村里有意愿的村民（以老年人为主）编织草鞋，形成阳日村一个新的小产业。老人们居家用双手"编织"新生活，也有了自己的致富事业。"感谢党的好政策，让我住进了新房子，虽然年纪大了，但我不能等、靠、要，趁现在还做得动的时候多做点事。"阳日村赵家咀易迁小区88岁老人高朝海一脸笑意地说。老人们编草鞋起初是为了打发时间，没成想还能够换到真金白银。

成都工贸职业技术学院出资30万元在四川省成都市蒲江县洪福村发展优质晚熟柑橘产业，新栽和改种柑橘近1 000亩。为畅通柑橘销售渠道，联合成立了村校企示范基地，推动该村合作社与四川维源农业科技有限责任公司签署供销协议，直接解决了果农的后顾之忧，提高了贫困农户的经济收入。在四川省凉山彝族自治州美姑县马洛村、嘎姑乃拖村，学校开展示范养殖，出资近7万元为建档立卡贫困户购买基础母羊和草科鸡，逐步壮大"借羊还羊、借鸡还鸡"规模，健全"市场＋合作社＋农户"家禽业发展模式，先后为两村81户贫困户购买母羊187只、黑毛猪50头发展养殖，户均增收千元左右。

六安职业技术学院探索"村校企"合作模式，帮扶六安市裕安区罗集乡杨公村，开发石斛、白芨、黄精等名贵中药材种植，面积达200亩，带动40户农户年均增收4万元左右，每年村集体经济可增收3万元。2017年8月底，学校投资70多万，成立"六安市裕安区杨公种养殖专业合作社"，建成1 000平方米的智能温室大棚（炼苗基地），联合安徽同济生生物科技有限公司进行中药材白芨种苗的组培、炼苗工作。公司与合作社联合经营项目部，形成一套完整的"种、产、销"产业扶贫生产线和产业链，带动村集体经济年增收10万元以上。

广东机电职业技术学院为梅州市丰顺县丰良镇璜溪村筹集帮扶资金533.96万元，扶贫产业项目累计总投入287.41万元。协助贫困户们成立丰顺县淘丰食品有限公司，注册"淘悦丰"商标，建立县级农产品电商平台，主要销售本地生产的蜂蜜、米粉、腐竹、百香果、柚子等潮客农特产品。学校协助建设148.4 kW分布式光伏系统，全部收入分配给在册贫困户。同时，引导贫困户发展藏香猪、山羊、土鸡等畜禽类养殖，积极引进蔬菜基地种植项目。目前，已有61户贫困户199人达到脱贫标准。

3. 搭建产业发展服务平台

贫困地区的贫困群体往往比较缺乏应对外部市场经营风险的能力，搭建产业发展服务平台，对贫困地区的产业成长壮大、企业可持续发展十分重要。高等职业院校有效整合资源，发挥其与行业企业联系紧密的天然优势，搭建产业发展服务平台，已成为推动产业扶贫的重要支撑。近八年，全国高等职业院校累计为贫困地区搭建各类产业发展服务平台 7 926 个，其中为国家级贫困县搭建产业发展服务平台 3 766 个，占比为 47.51%。八年来，各类产业扶贫服务平台数量呈爆发式增长，2020 年是 2013 年的 36.05 倍。各类产业发展服务平台的搭建，不仅激发了贫困地区群众的内生动力，实现了产业资源与产品的"引进来""销出去"，而且推动了特色产业"生出来""活下去"，极大地增强了贫困地区，尤其是国家级贫困县产业抵御市场风险的能力，保障了当地群众稳定脱贫致富。

（1）累计为贫困地区建设各类合作联盟、合作社等产业发展平台 4 759 个

高等职业院校主动作为，积极联合地方政府、行业企业，通过建设各类合作联盟、合作社等产业发展平台，优化产业结构、推广先进技术、打造产业品牌、开拓销售市场，实现全产业链协同发展，真正实现增产增收。近八年，全国高等职业院校累计帮扶贫困地区建设各类合作联盟、合作社等产业发展平台数量为 4 759 个，其中，累计重点帮扶国家级贫困县建设合作联盟、合作社等产业发展平台数量为 2 206 个，占该类服务平台总量的 46.35%（见图 2-1-6）。如南宁职业技术学院累计投入 650 多万元，建立农产品电商大数据中心和农产品产销一体化服务平台，带动了广西上林县 10 多个优势特色产业项目创新发展；重庆青年职业技术学院成立孵化电商"双创"工作室，帮助乡村打通消费供应链，为 6 家乡村企业拓展线上销售渠道，有效地打破农产品丰产就滞销的僵局。

图 2-1-6　2013—2020 年高等职业院校帮扶贫困地区建设产业发展平台情况

 **2-1-7**

多方联动搭建平台，引领产业链发展

河南经贸职业学院派出专家团队对周口市西华县黄桥乡整体产业情况进行深入调研，投入 340 余万元，推动实施以万亩桃园为特色的农业产业基础，以物联网、大数据为核心技术的西华县黄桥乡"智慧农产品溯源大数据平台"项目。"智慧农产品溯源大数据平台"系统采用了物联网、大数据、云计算、区块链、人工智能和太阳能光伏电子等先进技术，设置 60 个农业检测数据采集点，实现黄桥乡 1.5 万亩桃园产业信息全覆盖，不仅形成西华县特色水蜜桃智慧农产品溯源功能，还兼有农业生产环境监测、农业灾害天气、水蜜桃病虫害预防预报功能。该系统的应用，拓展了西华县当地水蜜桃产品的产业链，帮助当地农民提高产品产量及附加值，真正实现以科技助力农民脱贫增收。

潍坊工程职业学院与贵州省黔东南苗族侗族自治州施秉县结对，成立"农之翼"公益服务社团，依托农之翼农业生态服务联盟，在网络平台上根据各方的优势和所需，实现一对一、一对多、多对一、多对多的连麦对话，解决产品从生产、运输到销售问题，实现电商交易额 1.78 亿元，带动就业 1 422 人；同时平台上也提供专家技术咨询和培训，指导更多的人参与生产和销售，电商培训贫困户 3 621 人次，带动贫困户增收 1 278.07 万元，成为贫困群众"抱团"走上致富路的有力支撑。

云南农业职业技术学院利用学校全国新型职业农民培育示范基地、优质省级职教师资培养培训基地和云南省农职业教育培训中心等平台，培训职业烟农、基层农技人员、新型职业农民等 8.5 万人。实施"互联网＋农业＋精准扶贫"项目，积极开展电商扶贫和消费扶贫带动贫困地区产业发展。先后与耿马县、沧源县、广南县等县市建立校政合作关系，成立沧源县佤鸡品牌运营中心、广南县绿色农产品展销中心，共销售沧源佤鸡 5.5 万只左右，销售额达到 550 多万元。累计为中小企业、农民专业合作社销售有机绿色食品及农产品 2 000 万元，建立了一批优秀的省外精准客户群，为"云品出滇""滇货出山"战略贡献了力量，为精准扶贫提供了有效的推广范式。

（2）累计帮扶贫困地区建设产业销售平台 3 167 个

由于特殊的地理条件和自然禀赋差异，大多数贫困地区有着优质的特色资源和特色产品，却苦于没有很好的宣传、展示、销售渠道和平台。外地人难买、当地人难卖，农民自主生产的纯天然、优质、绿色产品大量烂在田间枝头，造成很多贫困地区的产业经济效益一直徘徊在较低水平。近八年，针对贫困地区的这一困境，全国高等职业院校创新扶贫思路，拓展脱贫增收通道，累计帮扶贫困地区建设产业销售平台 3 167 个，其中累计帮扶国家级贫困县建设产业销售平台 1 560 个，占该类服务平台的 49.26%（见图 2-1-7）。如宝鸡职业技术学院摸索出了一套"电商＋特色产品＋示范企业＋贫困户"的电商扶贫模式，综合运用"淘联盟"工作室 15 家淘宝网店和"小厨田"微信小程序，帮助农民解决了选品、运输、包装、销售和配送的全供应链主要节点问题；重庆电子工程职业学院完善"巫溪小店"区域高山生态农产品新零售平台，有力地推动了贫困地区特色资源的外销增收。

图 2-1-7　2013—2020 年高等职业院校为贫困地区建设产业销售平台情况

◎ 辽宁地质工程职业学院驻村工作队做好大山里的农产品"搬运工"

 **2-1-8**

校地企联手运营销售平台，促销特色产品

日照职业技术学院成立培训平台——农村电商工作室，举办了 10 期新型职业农民电商培训、8 期退役士兵电商技能和创业培训、4 期农村信息化扶贫电子商务培训班；成立智库平台——农村电商研究院，帮扶乡镇建立多个农村电商服务基地；搭建"1+N"电商扶贫平台，不断提升电商服务三农的能力和效果；开发社区电商平台——"卓创"创新创业平台，学生依托平台将家乡的农产品销售给日照地区的消费者；学校与日照市莒县桑园镇人民政府签署协议，开展农副产品信息化上网、旅游资源线上推广、梳理农业电商升级方案等各类活动，打造乡村振兴齐鲁样板。

承德石油高等专科学校联合承德智惠鑫农科技有限公司、北京天创科林科技有限公司等企业和承德市丰宁县郎栅子村、承德市围场县大素汰村、城子村等 6 个深度贫困村建立"校企村"三位一体的扶贫合作关系，深入开展电商扶贫。开发集平台电商、智慧新零售电商平台、新媒体推广平台融合的"三位一体"的"油专农场"智慧电商平台；成立"专业教师+企业代表+第一书记"三位一体电商扶贫团队，创新"产品开发+人员培训+运营创收"三位一体的电商扶贫模式，为贫困村创造直接收入 76.5 万，直接带动 106 户贫困户增收。

广东工贸职业技术学院与广东省化州市丽岗镇镇安村，共建 60 亩华红橘红种植基地、100 亩原生态蔬菜种植基地和镇安村生态散养"怀乡鸡"等产业扶贫项目，创建"万讯七子"镇安致富中心精准扶贫公益电商项目，打造"一中心两超市三致富站"的校地新零售扶贫模式。同时，号召在校学生创建 200 多个学生网上店铺，有序推进电商进行业、进学校、进社区（乡村）行动，已完成订单 8 500 件，销售总额 67.60 万元，镇安村可提取扶贫基金 7.71 万元，贫困户直接受益 3 万余元。

新乡职业技术学院扶贫工作队驻辉县市南寨镇秋沟村，当地遍地连翘、槐花、蒲公英、野菊，年年花开花落，没有给农民带来什么收入。扶贫工作队员、村干部个人出资500～1 000 元集资购买烘干机，成立加工销售合作社，四季扶贫不辍，打造出七彩秋沟。春季加工连翘花、叶，五一前后收摘槐花，六月份加工蒲公英茶，七月底收获、加工连翘果，九月份收摘冬凌草、野生柴胡，十月份制作野菊花，深秋收获山楂，严冬还有柿

饼……一年四季，皆是秋沟农产品制作与销售的"旺季"，探索出了"合作社＋农户＋电商"这样一条新路子，将天然的优势资源转化为贫困户们实际的经济收益。

河南交通职业技术学院出资16万余元在校内设立信阳市息县扶贫馆，免费展销息县虾稻米、咸鸭蛋等特色农副产品。在河南高速公路发展有限责任公司所属服务区84家便利店、河南省交通厅收费还贷中心所属20家便利店设立展销专柜，展销息县农产品，2019年实现销售额162万元。帮助息县在淘宝、京东、拼多多电商平台建设网上"息县农产品特色馆"，线上线下广泛宣传推介息县特色农产品，2019年实现销售1072万元。

习近平总书记指出："发展扶贫产业，重在群众受益，难在持续稳定。"无恒业者无恒产，可持续的产业发展才能巩固脱贫成果。本质上讲，贫困地区脱贫发展主要靠内生动力，必须要有产业、有劳动力，内外结合才能实现高质量发展。高等职业院校在贫困地区的产业扶贫中，通过技术服务、项目支撑，以及搭建服务平台等多种方式和途径精准帮扶贫困地区，尤其是国家级贫困县产业发展，赋能贫困地区实现脱贫致富。高等职业院校产业扶贫模式和长效机制初步形成，扶贫能力与成效在实践中得到有力验证。综合近八年的相关统计数据来看，全国高等职业院校累计帮扶贫困地区产业增收达45.15亿元，其中，累计帮扶国家级贫困县产业增收15.67亿元，占增收总金额的34.71%（见图2-1-8），证明高等职业院校帮扶贫困地区实现了产业持续稳定、可持续发展。

图2-1-8　2013—2020年高等职业院校帮扶贫困地区产业增收概况

◎ 浙江建设职业技术学院精准帮扶丽水市青田县贵岙乡融合发展体旅产业

 2-1-9

构建产业扶贫长效机制　群众脱贫驶入快车道

　　鄂尔多斯职业学院不断探索构建长效扶贫机制，通过举办"托羊所"，有效解决了长期以来困扰蒿亥图牧业村牧民无钱购买种羊、羊绒品质不高问题，确保农牧民稳定增收。学校提出通过完善"党支部＋合作社＋农牧户"产业扶贫模式，由村党支部牵头，注册成立养殖合作社，引进72只优质种羊，建立"托羊所"，构建农牧民与合作社利益联结机制，提升绒山羊产业发展水平。把种羊寄养在农牧民家中进行品种培育和杂交改良，以两年为一个周期轮换养殖，每年每个养殖户给合作社返还一只25公斤左右的基础母羊，作为村集体资产，发展壮大村集体经济。现在全村养殖绒山羊1.6万只，户均增收2.5万元，集体增收7.2万元，实现合作共赢、共同致富。

　　广东省外语艺术职业学院发挥高校扶智扶贫功能，帮扶清远市阳山县七拱镇和平村发展"一村一品"农业产业和田螺产业产购销"一条龙"服务。2018年成立阳山县七拱镇和康养殖专业合作社，2020年申请合作社微店平台，全力提升贫困群众种养技能、加工技术、营销技巧。通过帮扶贫困户改田养螺，从耕种水稻每亩年收益1 500元，到养殖田螺每亩年收益超过3 000元，实现贫困户大幅增收。通过着力解决贫困户致贫的本质问题，让脱贫攻坚实绩更有"温度"，富民答卷更有厚度，激发群众脱贫的内生动力，切实建立贫困户脱贫的长效机制。

　　广东水利电力职业技术学院发挥水利行业优势，保障乐昌市黄圃镇新塘村稳定脱贫。

2016年4月，学校立足水利行业，引入广东省水利行业企业资金92万元建设2座电灌站，满足了新塘村近600亩良田的灌溉需求，大大缓解了水田靠水却缺水的问题，保证了村主导产业黄烟种植的增产增收。据统计，电灌站建成使用以来，受益区农产品产量增收达到8%左右。此外，投资近10万元用于斗米涌山塘改造项目，可满足附近3个自然村的灌溉防洪需求。在村民生活用水方面，投资10万元建设取水点遮雨棚，同时资助完成村村通自来水工程；发挥学院学科专业优势，每年定期抽取水样进行检测，确保村民饮水安全。

咸宁职业技术学院与嘉鱼县人民政府合作共建"嘉鱼县旅游产业科研所"，为田野集团股份有限公司、金色年华养生谷景区等提供专业指导，培训旅游从业人员1 800人次。嘉鱼县旅游人次由2018年的475万增加到2019年的518万，带动就业人数1 300人，产生旅游总收入达到1 100万元。学校旅游团队编制厦铺镇2019—2028年全域旅游发展总体规划，开发了三界谷旅游度假区、萤火虫小镇等核心景区，升级改造了太阳谷漂流；技术指导村民配套栽种油茶、猕猴桃、蜜薯、养猪、养牛等景区周边产品，旅游扶贫519户1 634人。

（二）健康扶贫积极作为

2018年2月12日，习近平总书记在打好精准脱贫攻坚战座谈会上的讲话中指出："当前建档立卡贫困人口中，因病、因残致贫比例居高不下，分别超过40%和14%，缺劳动力、缺技术的比例分别占到32.7%和31.1%，65岁以上老人占比超过16%，这些人群的比例越往后将会越高，是贫中之贫、艰中之艰。化解特殊贫困群体难题是打好脱贫攻坚战面临的最为突出的挑战。"高等职业院校发挥其开设有医药卫生类专业的优势，为贫困地区培养培训医护人员，开展健康教育增强群众卫生意识，积极深入贫困地区开展义诊，送医送药保健康。

1. 培养培训基层医护人才

2015年全国贫困地区医疗服务利用情况数据研究显示，全国贫困地区医疗机构数量除秦巴山区和武陵山区高于全国平均水平外，其他地区均低于全国平均水平；千人口床位数仅为3.68张，远低于全国平均水平5.1张；地区卫生技术人员数为1 302人，低于全国平均水平2 810人，尤其是西藏自治区，卫生技术人员仅100多人。[①]贫困地区医药卫生类人才匮乏，导致群众在

---

① 谢富香，朱兆芳. 中国贫困地区医疗服务现状分析［J］. 中国公共卫生，2018，34（7）：1013-1016.

当地就医难，这是制约贫困地区健康保障水平的最主要因素。全国共有 425 所[①]高等职业院校开设有医药卫生类专业，为贫困地区培养了大批基层的医护类人才，同时，学校利用师资优势积极培训贫困地区医护人员，提高他们的医护技术。高等职业院校医护人才的培养和培训，为贫困地区的健康保障提供了人力资源支撑。

2013—2020 年，全国高等职业院校为贫困地区输送医护类专科毕业生 363 976 人，其中为国家级贫困县输送医护类专科毕业生 185 903 人。这些医护类人才驻守在村镇，成为贫困地区基层主要的医护力量。近八年来，全国高等职业院校组织医护类专科应届毕业生到贫困地区实习实践三个月以上的达 271 206 人次，其中到国家级贫困县实习实践三个月以上的达 118 799 人次。长达三个月以上的实习实践，既让实习生学习到医护技术技能，同时也补充了贫困地区的医护力量。

近八年，全国高等职业院校为贫困地区培训当地医护人员达 354 778 人次，其中为国家级贫困县培训医护人员达 129 664 人次（见表 2-2-1）。不间断的系统培训，提升了贫困地区医护人员的技术水平，增强了他们为贫困地区服务的能力。如湖南中医药高等专科学校，积极实施乡村医生本土化项目，近八年共为武陵山区和罗霄山脉地区各贫困县培养农医专业和基层卫生专业乡村医生共计 841 人，较好地解决了三级医疗服务网底的健康医疗保障问题。铁岭卫生职业学院、天津医学高等专科学校、宁波卫生职业技术学院等医护类院校，积极开展贫困地区基层医护人员培训，并将培训工作制度化、常态化。医护类人才的培养和培训，充实了贫困地区医护类人才的数量，提升了贫困地区医护人员的医疗水平和综合素质。

表 2-2-1 2013—2020 年高等职业院校为贫困地区培养培训医护类人员情况统计表

项目名称	2013 年	2014 年	2015 年	2016 年	2017 年	2018 年	2019 年	2020 年	合计
为贫困地区输送医护类专科毕业生人数	23 144	27 319	39 068	45 617	53 469	60 509	63 649	51 201	363 976
其中为国家级贫困县输送医护类专科毕业生人数	10 744	12 601	19 614	23 584	27 811	32 750	34 207	24 592	185 903
为贫困地区培训医护人员人次数	15 463	23 872	39 246	48 989	52 301	62 051	60 865	51 991	354 778
其中为国家级贫困县培训医护人员人次数	4 908	8 152	15 519	20 299	22 433	24 549	23 401	10 403	129 664

① 数据来源：教育部高等职业院校人才培养工作状态数据采集与管理平台（2019 年）.

◎ 北京卫生职业学院教师帮扶河北省邢台市威县贫困乡镇卫生院开展护理与医疗技术人员培训

 2-2-1

培养培训医护人才，担当群众健康守护人

黑龙江护理高等专科学校充分发挥自身优势，为贫困地区订单培养定向免费医护类学生。2018—2020年共招收贫困乡村订单定向医学生110人，这类学生毕业后，定向回农村担任驻村医生，将增强贫困乡村的医护力量。同时，积极开展贫困地区卫生健康培训。2018年完成贫困地区卫生健康培训503人，为贫困地区培训医护人员428人；2019年完成贫困地区卫生健康培训150人，为贫困地区培训医护人员59人，提高了当地群众的卫生健康意识和医护人员的诊疗水平。

雅安职业技术学院对口帮扶四川省甘孜藏族自治州雅江县，着眼基层医疗短板，持续推进健康扶贫。学院于2017—2020年先后选派30余名教学能力突出、临床经验丰富的教师赴雅江，采用"理论培训＋实践教学""集中＋分散"的授课模式对全县100个村的卫生室人员进行了半年一期、四年共8期的基础技能和技能提升的培训，培训村医近300人，助推了当地基层医疗卫生事业的"造血式"发展。

山东特殊教育职业学院充分发挥医学技术系的专业优势，深入到贫困地区、革命老区开展医学培训，提高当地群众健康水平。医疗服务队根据村民身体状况，给村民推广中医食疗养生技术、消暑凉茶饮品的制作方法等。这些方法原材料易找，做法简单，深受村民喜爱。医疗服务队还对村民进行医学知识普及，纠正了村民错误就医、用药观念，还教授了一些简单易学的康复训练方法及保健操，提出了健康养生的合理建议，充分发挥了中医学"辨证论治"和"治未病"的优势。医疗服务队充分发挥资源优势，深入农村，积极解决农村留守老人、儿童因行动不便外出体检、就诊难的问题，切实为村民的健康提供了服务。

2. 大力开展健康宣传教育

诊治是恢复健康的重要手段，而预防是保持健康的良方。要提高贫困地区群众的健康水平，就要提高贫困地区群众的卫生意识和自我保健水平，使他们养成良好的健康卫生习惯。全国高等职业院校医药卫生类专业的师生，深入贫困地区，通过多种方式和途径，向广大群众开展卫生意识和健康知识宣传，传授自我保健技能，提高了贫困地区群众的医疗卫生意识，增强了自我保健能力。

近八年，全国高等职业院校组织师生到贫困地区开展健康宣传教育活动达 138 927 人次，其中到国家级贫困县开展健康宣传教育活动达 65 719 人次；在贫困地区开展卫生健康培训，培训当地群众达 506 184 人次，其中在国家级贫困县培训群众达 219 469 人次（见图 2-2-1）。如江西中医药高等专科学校在抚州市临川区嵩湖乡江下村建设热敏灸体验室，推广热敏灸技术，提高村民自我保健能力。安徽审计职业学院在安庆市叶河村积极开展医疗卫生培训宣传工作，近年来，发放 12 种宣传资料，约计 2 000 份，更新宣传栏 6 期，举办健康知识讲座 6 期，实行个体化健康教育 404 人。广泛的宣传培训教育活动，提高了贫困地区群众的卫生意识和预防疾病的能力，为提升健康水平奠定了基础。

图 2-2-1　2013—2020 年高等职业院校为贫困地区群众开展健康宣传教育情况

◎ 西安医学高等专科学校面向鄠邑区贫困乡村群众开展急救培训

案例 2-2-2

健康宣教　保障健康

长春医学高等专科学校于2017年10月组建了"药盾之光"校园志愿者团队，面向贫困乡村开展"五个一"主题教育活动，即：一张海报——在贫困乡村的宣传栏等地方张贴卫生保健科普宣传海报；一个读本——向贫困乡村赠送《科学用药、科普扶贫安全用药知识》；一个微信号——邀请贫困乡村群众关注"药葫芦娃"科普微信公众号，可以长期接收安全用药科普知识；一个知识点——通过学习，掌握一个安全用药的知识，并把这个知识讲给身边的朋友听；一个体会——参加活动的大学生写一篇参加这项公益活动的体会或感悟，在其所在大学和项目微信公众号上发表，传播公益理念，弘扬志愿精神。健康教育涵盖了吉林省内白城、通化、松原、双阳、榆树、农安、四平、德惠、九台、长春等十个地区，共有210名志愿者参加，公众参与人数达1 335人，领取科普读本的人数达1 148人，扫码关注公众号的人数达1 331人，参与问卷调查人数达1 460人，解答了200多人提出的用药问题。通过"五个一"活动有效普及了贫困群众安全用药知识。

江西师范高等专科学校护理与视光学院全力推动视力健康教育扶贫，面向鹰潭市周边贫困山区小学实施定向视力健康教育计划。学校先后在省级贫困村余江区春涛镇山涛村小学、黄泥小学、锦江镇范家村小学等开展爱眼护眼公益活动"光明行动"。现已免费筛查

900 余人，举办爱眼护眼讲座 56 次，为 15 所山区学校捐赠爱眼知识手册 900 余本，免费视力训练 100 人次。为学生免费配镜 40 副，向 25 所学校捐赠自助式视力检查室，捐赠视力筛查设备 8 台，开展小学校医检查视力技术培训，用实际行动为孩子们点亮视野、照亮未来。

乌兰察布医学高等专科学校对口帮扶鄂尔栋镇，该镇共有建档立卡贫困户 1 033 户 2 353 人，其中因病致贫 716 户 1 496 人，占 63.58%；因残致贫 40 户 100 人，占 4.25%。学校利用医学专业优势，与鄂尔栋镇中心卫生院合作，拨付 50 万元专项资金，用于派出人员的补贴、交通费用、基层医生培训费用、健康教育宣传费用等。通过开展门诊及住院治疗、基层医生培训、健康教育宣传等工作，对全镇 21 个行政村的乡村医生进行了全科医生培训，使全镇乡村医生技术水平得到提升。对全镇慢性病患者进行了科学生活、合理用药和高危人群疾病风险防控等方面的健康知识教育培训。全镇因病致贫的 716 户 1 496 人得到有效治疗，提高了该镇贫困人口的健康水平。

3. 积极送医送药保健康

没有群众的健康就没有群众的小康，健康工作在扶贫工作中占有重要地位，关系到百姓的安康和幸福指数。贫困地区缺医少药，因病致贫、因病返贫成为脱贫攻坚的难题。高等职业院校医药卫生类专业教师，利用自身掌握的医术，送医上门、送药到户，为贫困地区群众看病治病，在健康扶贫中发挥着重要作用。

2013—2020 年，全国高等职业院校医药卫生类专业教师到贫困地区进行义诊达 48 502 人次，其中到国家级贫困县义诊达 18 618 人次；八年来，义诊期间接待贫困人员 420 944 人次（见图 2-2-2），其中到国家级贫困县接诊贫困人员 231 824 人次；为贫困地区送医送药和提供医疗设备设施支援折合人民币 10 636.28 万元，其中为国家级贫困县送医送药折合人民币 1 309.96 万元。南阳医学高等专科学校、皖北卫生职业学院、河南推拿职业学院、安徽卫生健康职业学院等医护类院校充分发挥专家优势，到贫困地区广泛开展义诊，送医送药，提高了贫困地区群众的健康水平。

在新冠肺炎疫情暴发期间，众多高等职业院校在对口帮扶点，主动担当、积极作为，协助组织村民共同抗疫。2020 年 1 月 26 日（大年初二），杨凌职业技术学院 2 名驻村扶贫干部面对疫情，主动放弃休假，立即赶赴学院所帮扶的宝鸡市太白县鹦格镇棉寺坝村，全力协助该村做好疫情防控工作。扶贫干部到村后迅速投入工作，认真落实防控措施，积极协助村两委会开展全覆盖摸排工作；通过悬挂标语、广播宣传、张贴宣传资料等多种形式开展疫情防控宣传；在进村主要路口设置临时封闭站，排查进村车辆，对外来人员进行登记和体温检测；对村内主要场所每日定点消毒。通过努力，该村上下自觉加强疫情防控，村民生活井然有序，疫情得到有效防控。杨凌职业技术学院驻村干部积极抗疫，他们是千千万万个高等职业院校驻村干部的缩影，勇于担当的高职人在扶贫村防控疫情中发挥了重要作用，为战胜新冠疫情做出了应有的贡献。

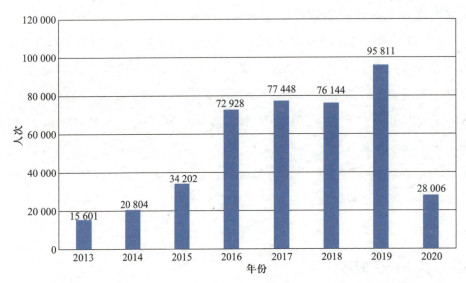

图 2-2-2　2013—2020 年高等职业院校义诊接待贫困地区人员情况

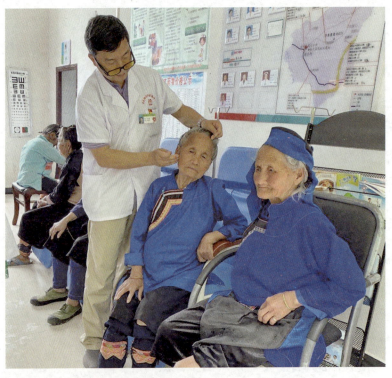

◎ 贵阳护理职业学院教师在榕江县车民街道卫生服务中心为患者进行诊治

◎ 漳州卫生职业学院师生在云霄县和平乡开展义诊服务

 **2-2-3**

开展义诊 送医送药

邢台医学高等专科学校定点帮扶新河县寻寨镇南王家庄村，该村村医技术水平有限，村民看病十分不便。学校积极开展定期义诊、常年免费诊疗、健康知识宣传等活动。仅2019年就义诊服务村民150余人，免费发放1 500元的常用药品，发放健康资料200余份。2020年疫情期间，在防疫物资紧缺的情况下，学校驻村第一书记魏双平大年初一就入村主持疫情防控工作，带头在村口值班、测量体温；积极为村医答疑解惑，手把手帮助其提高技术水平和服务能力。魏双平还利用自身所学专长，免费开展皮肤病义诊活动，一年来共为周边10多个村庄500余人次提供医疗服务。村民为驻村工作队送上锦旗表达感激之情，驻村第一书记魏双平被评为"全省扶贫脱贫优秀驻村第一书记"。

赣南卫生健康职业学院于2015年开始结对帮扶龙南县关西镇翰岗村，该村建档立卡贫困户70户231人，其中因病致贫29户占41.43%，因残致贫21户占30%。学校积极响应赣州市2019年"健康中国行，律动赣鄱地"健康助力脱贫攻坚主题宣传活动暨"控油限盐 健康进万家"健康促进活动，给每个家庭发放1套"控油限盐"工具套装（控油勺1

个、限盐勺 1 个，控油限盐健康知识宣传包装袋 1 个），引导群众通过使用"控油勺、限盐勺"改变饮食习惯，提高健康水平。帮助贫困人员 105 人次办理慢性病保障登记，确保有慢性病的贫困户能 100% 享受慢性病待遇。为贫困户和老人们测量血压，听诊把脉，体格检查，开具处方，发放疾病防治宣传材料。2016 年至今，共开具医师处方 500 余张。

天津滨海汽车工程职业学院参与东西部扶贫协作和支援合作工作，时刻关注着贫困地区脑瘫孩子的生命健康，依托学院康复专业实践基地——博能康复医疗中心的资源，对口帮扶甘肃省天水市秦安县的 27 名脑瘫、自闭、智障、发育迟缓患儿。学院康复中心针对每一个孩子的具体症状，制订了 3 个月短期康复目标和个性化方案，在"一对一"基础训练治疗的基础上拓展"一对多"训练模式。同时，让患儿家长也参与进来，并为患儿和家长提供免费的食宿，月均费用达 21.4 万元。经过一段时间的康复治疗，部分儿童已从不会说话发展到能够正常发音或说出简单的交流语句；从连爬都无法进行到能在无须扶持的情况下自行蹒跚行走；有 10 余名患儿康复效果显著，现已出院。正是学院康复中心的治疗和呵护，让这些家庭看到了新的希望！

（三）生态扶贫精准发力

2018 年 2 月 12 日，习近平总书记在打好精准脱贫攻坚战座谈会上的讲话中指出："通过生态扶贫、易地扶贫搬迁、退耕还林等，贫困地区生态环境明显改善，实现了生态保护和扶贫脱贫一个战场、两场战役的双赢。"高等职业院校利用开设有生态环保类专业的优势，开展生态文明教育、培养培训环保类人才、提供环保技术服务和支持生态项目建设，帮助发展生态产业，促进贫困地区生态文明建设，大力改善贫困地区发展面貌。

1. 开展生态文明教育

生态环保，观念先行。部分贫困地区群众生态环保意识淡薄，环境保护不力。为了提高贫困地区群众生态环保意识，高等职业院校师生深入到贫困地区，大力宣传环保政策、知识和技术，增强了贫困地区群众的环保观念和意识。

近八年，全国高等职业院校师生赴贫困地区开展生态环境文明宣传活动 334 572 人次，其中赴国家级贫困县开展生态环境文明宣传活动 129 879 人次；高等职业院校生态环保类专业师生，到贫困地区举办生态文明培训班，培训群众达 221 258 人次，其中国家级贫困县生态文明培训人数达 122 832 人次（见图 2-3-1）。如闽北职业技术学院发挥专业优势，为南平市洋后镇大禄村、浮山村、炉下镇斜溪村等美丽乡村建设做免费咨询服务，宣传生态文明建设，帮助美化乡村环境，保护乡村生态。广泛的宣传与培训活动，增强了贫困地区群众的生态文明意识，帮助群众树立"绿水青山就是金山银山"的理念，实现经济发展与生态保护的辩证统一。

图 2-3-1　2013—2020 年高等职业院校在贫困地区举办生态环境文明培训情况

 2-3-1

多管齐下，助力生态

扬州市职业大学对口帮扶方巷镇沿湖村，该村地处邵伯湖西岸，是当地一个从事渔业生产的行政村。学校结合"沿湖村新渔民学习苑""渔乐渔学"省级游学项目与"江苏开放大学社区教育学习苑"等多个教育平台，围绕"渔村转型、渔民增收、渔村振兴"宗旨，用知识和教育助力渔村振兴。学校针对高素质渔民培育，立足渔村文化、渔村产业、渔村治理、渔村规划、渔村景观、渔村旅游、渔村电商、渔村文创等方面，开展培训。两年来，学校已成功举办各类培训班 30 余期，共培训 2 500 人次，带动新增就业 1 267 人，沿湖村入选了"2019 年中国美丽休闲乡村"。

天津铁道职业技术学院 23 年来坚持对河北省涞源县开展生态扶贫工作。涞源县地处太行山区，是一座英雄之城，见证了中国军民抗击日本帝国主义侵略者的历史，是国家扶贫开发工作"三合一"（国家新十年扶贫开发、太行山—燕山连片特困地区、全省环首都扶贫攻坚示范区）重点县。学校为提高该县生态文明建设水平，印制了"农村环保小常识"宣传单，内容涉及农村生活垃圾分类、垃圾收集处理、生活污水处理、饮用水水源地保护、空气污染以及白色污染防控等知识。23 年来，扶贫师生走访了涞源县 70 多个村庄，开展了近 200 场文艺展演；发放环保手册 10 000 多份，环保手提袋 10 000 多个，环保调查问卷 10 000 多份，增强了当地群众的生态环保意识。

　　绍兴职业技术学院帮扶柯桥区柯岩街道叶家堰村。该村素有"鉴湖第一曲，酒源叶家堰"的美誉，是"鉴湖渔歌风情带"上的一个重要展示面。学校组织教师设计团队参与了该村乡村改造建设项目。经过与村两委会长达数月的沟通磨合，设计团队创新设计思路，决定将叶家堰村打造成柯桥区第一个实现水、陆、空三栖观光游的景区村。在推进村居环境提档升级的同时，也不忘对传统文化的保护和传承。对闲置住宅、已征收住宅按照新的改造思路重新设计，并且探索了较为精致的立面改造形式，即采用防腐木搭配使用替代常见的外墙涂料与墙绘的形式，改造手法令人耳目一新。同时以黄酒之名，建酒源广场，立酒源亭，塑酒源文化小品，展民间技艺。叶家堰村恰好处于柯岩街道酷玩小镇若航直升机场的观光航线上，致力于将传统和现代相结合，规划设计了可供观光直升机起降的停机坪。一系列改造设计拓展了新的乡村旅游业态，推进了全域旅游发展，也为村民收入提升提供了新的来源。如今，完成蝶变的叶家堰村真正成为"鉴湖渔歌风情带"上一颗璀璨的明珠，实现了富民、惠民和村居可持续发展。

2. 培养培训环保类人才

　　脱贫致富发展经济，不能以牺牲环境为代价。在脱贫的同时，要保护生态环境可持续发展。但贫困地区生态环保人才缺乏，制约着当地生态保护和生态产业的发展。2013 年以来，全国高等职业院校为贫困地区输送环保类专业毕业生 21 245 人，其中为国家级贫困县输送环保类专业毕业生 9 341 人；这些毕业生下沉到基层乡村，开展生态环保技术指导，成为当地离不开的生态环保技术人员。近八年，全国高等职业院校向贫困地区派出生态环境保护咨询指导的专家达 12 036 人次，其中参与国家级贫困县生态环境保护咨询指导的专家达 7 422 人次，这些咨询专家指导贫困乡村加强环境保护，开发生态产业。如重庆资源与环境保护职业学院，在全面开展全国第二次污染源普查工作的大背景下，与多家企业合作，深入贫困地区开展生态环境文明宣传和污染普查，推动生态环保扶贫工作再上新台阶。

◎ 辽宁生态工程职业学院精准帮扶凉水河乡高台村生态种植基地建设

 **2-3-2**

实施生态扶贫　改善生态环境

浙江同济科技职业学院结对扶贫衢州市开化县马金镇洪村。洪村自古多水患，只有坚持生态治理，将水利扶贫做到实处，驯服千年水患，才能为建设宜居宜业新农村筑牢"奠基石"。学校多次派水利专家、教授带队到洪村实地调研、勘探水患问题，并配合相关部门拟定了治理方案。2020年上半年，总计投入700余万的古直畈溪综合治理工程顺利开工，并在梅汛期来临之前顺利完工。洪村水患问题得到初步解决，改善了村民生产生活与村集体经济发展的条件，同时在工程中配套了荷花塘、水经济作物区、中蜂养殖产业等，为洪村产业可持续发展和美丽乡村建设奠定了基础。

辽宁经济职业技术学院对口帮扶阜新蒙古族自治县国华乡娘娘庙村。该村南有一条季节性河流，年久失修的河道使两岸土地损毁严重。学院高度重视该村水土保持工作。2018年1月，学院决定出资20万元资助河道改造项目。在专家的指导下，河道改造工程于4月末开工，7月末圆满完工，经县水利局验收完全达标。2019年4月，学院又出资3万元，资助该村在河堤两岸栽植绿化杨树2 600棵，既保护了河堤、解决了水土流失问题，又绿化美化了乡村环境，群众十分满意。

3. 助力发展生态产业

习近平总书记指出："扶贫要做到宜农则农、宜林则林、宜牧则牧、宜开发生态旅游则搞生态旅游，真正把自身比较优势发挥好，使贫困地区发展扎实建立在自身有利条件的基础之上。"因此，贫困地区脱贫，要因地制宜，大力发展生态产业。高等职业院校涉农、涉林、涉环保类专业师生，联合发力，帮助贫困地区发展生态产业，建设美丽乡村，为贫困地区的生态建设和生态产业的协同发展提供了智力支持，在扶贫开发与生态保护相协调中发挥着重要作用。

近八年，全国高等职业院校为贫困地区生态环境保护提供技术支持项目2 859个，其中为国家级贫困县提供技术支持项目1 581个；参与贫困地区美丽乡村建设项目6 623个，其中参与国家级贫困县美丽乡村建设项目3 078个（见图2-3-2）。这些项目的推进和实施，既发展了贫困地区的产业，又保护了当地的生态，实现了经济发展和生态文明建设同步齐飞。如浙江农业商贸职业学院结对帮扶杭州市淳安县千岛湖镇东汉村，以"挖掘戏曲潜力、打造梨园经济"为主题，指导驻点村开展景观规划和产业发展规划。以戏曲文化为主题，开展村庄道路、主要公共场所、庭院和周边等场所景观设计，并帮助村里发展农家乐，助力乡村生态旅游发展，受到当地百姓的欢迎和好评。福建艺术职业学院与建瓯市南雅镇梅村村共同争取项目资金3 300多万元，着力改善村庄基础设施，实施了饮水质量提升、消防设施和村民活动场所改善、部分道路硬化等民生工程。高等职业院校的技术支持和项目建设，保护了贫困地区的绿水青山，发展了贫困地区的生态产业，实现了经济发展与环境保护双赢。

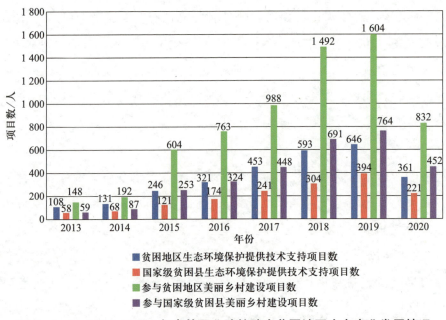

图2-3-2　2013—2020年高等职业院校助力贫困地区生态产业发展情况

◎ 江苏建筑职业技术学院为贫困地区新农村人居环境改造示范项目设计规划图（上两图为改造前状态）

 **2-3-3**

生态扶贫让贫困村焕发生机

浙江医药高等专科学校定点帮扶浙江省金华市磐安县双峰乡大皿村。大皿村被绿水青山环抱，孕育出羊氏文化、香菇文化等非遗文化。怎样将山清水秀的风景变成"聚宝盆"？学校扶贫小组盯准了当地的自然和人文资源，下决心帮大皿村吃上"生态饭"。学校与其他扶贫单位一道，从改造升级村容村貌开始，帮助村里把古民居房顶翻新；改造升级村内道路，将泥土路铺成石子路；在村里实行垃圾分类；修缮古民居和文化景点，增强了对游客的吸引力。该村评上了浙江省"十美村"，2019年又被评为省 AAAA 级景区村庄。有自然景观和古镇特色加持，大皿村生态旅游业蒸蒸日上，再加上其他产业的发展，截至2019年年底，大皿村低收入农户人均年收入达 9 000 元以上。

三亚城市职业学院作为万宁市北大镇尖岭村扶贫帮扶单位，立足实际，与当地村委会共同开展旅游项目宣传推介。在尖岭村干部的带领下，学校考察组一行充分调研了白水岭景区的现状，并定下初步宣传方案和目标。在充分调研的基础上，组织50多名相关专业学生以教学任务的方式群策群力，以调研获得的材料为素材，通过开展报告会、评比会等方式，为尖岭村打造独特的旅游宣传方案。师生共同努力，完成招贴宣传海报3份、LOGO

标识 2 张，得到了尖岭村民的肯定和认可。

吉林工程职业学院帮扶双辽市玻璃山镇合心村，帮助村里建设生态养殖场和有机肥加工厂。养殖场内粪污处理采用干湿分离的方式，同时利用发酵技术对养殖场排放的牛粪、羊粪进行处理制成生物有机肥原料，且无废水排放，水污染物去除率 100%。同时收购周边养殖户的牛粪、羊粪、鸡粪进行发酵，解决养殖户所在地环境污染问题，变废为宝，增加农户收入。2018 年 8 月有机肥加工厂竣工后，年处理牛粪便 1 342 吨、羊粪便 347 吨、鸡粪便 845 吨、年减排 COD（化学需氧量）494.11 吨、氨氮 5.57 吨，解决了粪污染问题。生态养殖和有机肥加工项目实现粪污全部资源化，经发酵制成生物有机肥原料出售，不仅改善了生产生活条件，而且促进现代农业发展和社会主义新农村建设，实现生态环境可持续发展。2019 年底全村所有贫困户脱贫，贫困发生率为零。

（四）文化扶贫卓有成效

"扶贫必扶智，治贫先治愚。"[1] 党的十八大以来，高等职业院校扎实开展文化扶贫，巩固文化阵地。近八年，高等职业院校积极搭建文化服务平台，大力推进文化扶贫，开展"精神扶贫"，树立改善贫困地区群众的精神面貌和脱贫致富的信心和决心，丰富文化生活，建设美丽文化家园。

1. 输送基层文化工作者

做好基层文化工作必须要依靠专业人才。为解决贫困地区文化工作者普遍短缺的问题，高等职业院校积极引导文化艺术类毕业生就业方向，鼓励毕业生扎根基层，并通过"服务基层和人才培养相结合""政府主导与市场推动相结合""政策支持和完善服务相结合"三个基本原则，使广大青年毕业生服务基层文化工作做到"下得去""留得住""干得好"。

近八年，全国高等职业院校为贫困地区直接输送文化艺术类毕业生 94 833 人，其中为国家级贫困县直接输送文化艺术类毕业生 46 531 人（见图 2-4-1），为国家级贫困县输送文化艺术类毕业生数量占比 50% 左右，为助力贫困地区文化艺术基层工作顺利开展提供了坚实的人才保障。

---

[1] 习近平 2016 年 7 月 20 日在东西部扶贫协作座谈会上的讲话。

图 2-4-1　2013—2020 年高等职业院校为贫困地区输送文化艺术类毕业生情况

 **2-4-1**

对接贫困地区文化人才需求　定向培养基层文化工作者

浙江艺术职业学院以构建扎根基层为导向的公共文化人才队伍体系作为文化扶贫的关键，从 2017 年起连续四年开展乡镇文化员定向培养工作，以解决当前省内贫困地区及欠发达地区基层文化员队伍"不足、不专、不稳"问题。定向培养招生环节与乡镇文化单位公开招聘工作人员并轨进行，学生毕业后到委托培养地的乡镇文化站工作，签订事业单位聘用合同。按照"身兼多能、具备一专"的人才培养目标要求，设置"1+1+X"课程体系，培养现代公共文化服务能力和艺术职业技能专长，同时培养多种现代管理素养，量身打造下得去、留得住、用得上、受欢迎的基层文化工作者。目前 2020 年第一届定向班毕业生已投身龙泉、庆元、泰顺等地的乡镇公共文化服务岗位，投入基层文化服务实践中。

湖南民族职业学院依托小学教育和学前教育两个湖南省"十二五"特色专业的办学优势，重点为农村地区大力培养乡村小学教师和幼儿园教师，取得了较好的成效。2017 年，学校有 612 名学生参加湖南省特岗教师招录考试，录用 562 名，录用率达到 91.8%，占全省录用总人数的近 1/3，这些毕业生入职后都成为湖南省贫困地区乡村教育的骨干力量。

2. 厚植文化自信根基

文化是乡村振兴、贫困群众脱贫致富的重要"助推器"。通过文化扶贫，致力于根除贫困地区人们头脑中的陈旧观念，积极引导革除"等、靠、要"的思想观念，树立"穷则思变"的进取精神和现代意识，提高贫困地区人们的文化素质和文化自信。高等职业院校在提升贫困地区群众文化生活水平等方面着力丰富服务形式，积极组织有关师生到贫困地区开展文艺培训、文艺汇演、文化艺术宣传、志愿者服务等各类极具特色的文化帮扶活动，既弘扬了社会主义核心价值观、传播了优秀传统文化，又丰富了当地群众文化生活、坚定了文化自信。

近八年，全国高等职业院校完成贫困地区文化艺术教育培训 516 492 人次，其中完成国家级贫困县文化艺术教育培训 255 031 人次（见图 2-4-2）；赴贫困地区开展文化艺术宣传和志愿者服务 828 107 人次，其中赴国家级贫困县开展文化艺术宣传和志愿者服务 290 442 人次（见图 2-4-3）。

图 2-4-2　2013—2020 年高等职业院校为贫困地区开展文化艺术教育培训情况

图 2-4-3　2013—2020 年高等职业院校赴贫困地区开展文化艺术宣传和志愿者服务情况

◎ 呼伦贝尔职业技术学院乌兰牧骑为广大牧民群众送去文艺演出

◎ 四川艺术职业学院文艺演出节目助阵乡村文旅发展

◎ 浙江卫视、职教之音报等媒体专题报道浙江经济职业技术学院
　"护雏鹰伴童行——武义山区儿童支教活动"

利用职教资源优势 助力坚定文化自信

浙江经贸职业技术学院组织大学生社会实践小分队，为衢州市常山县球川镇东坑村带来了大学生捐助的近百本适合少儿阅读的书籍，在村里建起了"爱心书屋"，培养村里少儿、村民的读书习惯。小分队根据村里的红色故事，绘制了"千年古道红军行"等主题墙绘，提升了东坑村内涵，还帮村里开发游客红军行军体验项目。大学生队员们开展了留守儿童支教活动，与孩子们建立了"一对一"关系，有针对性地开展帮扶活动，促进孩子成长成才。学校师生还开办了一期"乡村振兴大讲堂"，面向村民开设"乡村振兴战略背景下对东坑发展的思考"等讲座。

三明医学科技职业学院马克思主义学院进入驻点村大田县石牌镇拱桥村拍摄微电影《不负韶华》，作品以习近平总书记2019年8月4日鼓励福建省寿宁县下党乡的乡亲们进一步发扬滴水穿石精神，以走好乡村振兴之路为灵感来源，讲述了女大学生去拱桥村参加社会实践，亲眼所见传统村域经济发展路子受限的场景，通过拍摄生态养蜂产品和旅游宣传片，展现党建红色引领、产业绿色扶贫之路的故事。该作品入选由中宣部打造的全国共产党员在线学习平台"学习强国"，取得了很大的社会反响，对拱桥村的蜂蜜产业起到了很好的宣传作用。

四川文化产业职业学院在对四川省阿坝州理县的精准扶贫工作中，结合文化创意产业专业和人才优势，在蒲溪村村口修建了极具古羌文化特色的寨门和观景平台；在蒲溪乡政府所在地修建古羌文化传习所、游客中心和电商中心；建立了四川文化产业发展研究中心藏羌文化研究基地和四川文化产业社科普及基地；拍摄了以蒲溪的羌绣和羊皮鼓非遗传承人老中青三代传承为线索，全景式展现古羌非遗文化之美的纪录片《羌调蒲溪》；编著了《羌山印记——理县羌族的传统文化与文旅印象》一书；举办了"乡村振兴与农商文旅体融合发展"专题培训班；针对理县中小学生开展了以"大爱非遗、以手传情"为主题的成都国际非物质文化遗产节文化游学活动等。通过形式多样的文化帮扶，逐步探索出了一条"文化研究—人才培养—技艺传承—景观再造—产品开发—市场推广"的多层次、全方位文化扶贫新模式。

武汉铁路职业技术学院积极发挥共青团组织优势，主动投身脱贫攻坚主战场。2016年7月以来，每年寒暑假期间，学校组织青年大学生志愿者前往湖北省十堰市郧西县观音镇彭家湾村开展"关爱留守儿童 助力精准扶贫""同在一片蓝天下，手心相牵助成长"志智双扶社会实践活动，受到当地干部群众一致好评。中国青年网、湖北高校思政网、郧西县团委微信公众号等多次对活动相关信息予以报道，产生了广泛积极的社会影响。活动受到团中央表彰，获得 2019 年暑期"三下乡"全国优秀团队荣誉。

3. 助建美丽文化家园

为切实保障贫困群众的基本文化权益，高等职业院校利用自身专业文化优势，为贫困地区设计建设文化广场、文化长廊、文化书屋、村史馆、文化墙、文化礼堂、文化标识、文化景点等，加强了贫困地区文化基础设施建设，进一步完善了公共文化服务网络。同时，通过精心组织扶贫地区群众性文化活动，让贫困群众通过文艺演出、文化活动感受优秀文化成果，形成积极向上的精神面貌。

近八年，全国高等职业院校为贫困地区捐赠图书 2 847 875 册，其中为国家级贫困县捐赠图书 1 338 113 册（见图 2-4-4）；为贫困地区捐赠文化设施设备折算总金额 15 722.95 万元，其中为国家级贫困县捐赠文化设施设备折算总金额 9 923.69 万元（见图 2-4-5）；帮扶贫困地区建设文化广场、文化长廊、文化景点、文化书屋、文化墙等文化场所 4 303 个，其中帮扶国家级贫困县建设文化广场、文化长廊、文化景点、文化书屋、文化墙等文化场所 2 281 个（见图 2-4-6）；帮助贫困地区传承保护非遗项目 1 546 项，其中帮助国家级贫困县传承保护非遗项目 1 009 项（见图 2-4-7）；帮助贫困地区建立乡规民约 5 857 个，其中帮助国家级贫困县建立乡规民约 3 633 个（见图 2-4-8）。

图 2-4-4　2013—2020 年高等职业院校为贫困地区捐赠图书情况

图 2-4-5　2013—2020 年高等职业院校为贫困地区捐赠文化设施设备总金额

图 2-4-6　2013—2020 年高等职业院校帮扶贫困地区建设文化广场、文化长廊、文化景点、
文化书屋等文化场所数

图 2-4-7　2013—2020 年高等职业院校帮助贫困地区传承保护非遗项目数

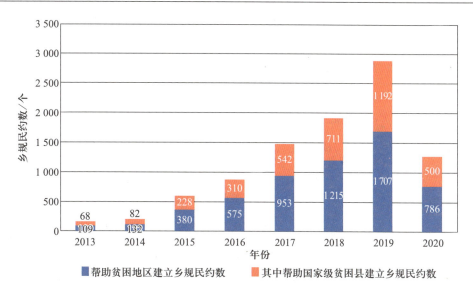

图 2-4-8　2013—2020 年高等职业院校帮助贫困地区建立乡规民约数

◎ 湖南体育职业学院老师带领村民广场舞团队自编舞蹈《我和我的祖国》

◎ 山东交通职业学院开展"七彩假期"社会实践活动，引导留守儿童树立正确价值观

案例 2-4-3

传承保护非遗项目　帮扶建设文化家园

　　苏州工艺美术职业技术学院提炼苗族文化，振兴民族技艺，助力脱贫攻坚。学校在职业教育精准扶贫工作中，与雷山县人民政府、贵州省文化厅共建雷山非遗研创中心和传统工艺贵州工作站；与黔东南民族职业技术学院联合培养民族文创专业人才；与雷山银饰、刺绣协会开展苗族刺绣、银饰设计与推广合作；与西江旅游公司及区域内银饰、刺绣工艺品公司等合作开发文化旅游产品，构建形成政校行企"四方联动"的非遗保护与精准扶贫合作机制。通过发挥自身手工艺术专业优势，学校连续三年以毕业生创作的形式实施"创意贵州"项目，创新研发设计作品 2 000 余项，获专利 200 余项，帮助成立扶贫工坊 15 个，助推苗妹、鸽子花、侗品源等区域非遗文创品牌增值 3 790 万元，助力民族地区开展文旅结合、手艺乡村等项目，实现相关产业增值逾亿元，助力脱贫攻坚成果成效明显。学校完成文化和旅游部、教育部中国非遗传承人群研培项目 27 批次以及传统手艺人培训共计 18 600 余人次，学员涵盖云贵川渝湘新等 9 省市及自治区。相关成果及经验受到社会各界的认可与赞誉，《人民日报》《光明日报》《中国民族报》和中央电视台等主流媒体多次聚焦报道。

　　湖南工艺美术职业学院与通道县人民政府合作共建侗族非遗保护与研发站，增强贫困地区"造血机能"。为了帮助通道县筑牢保护传承侗锦非遗的人才根基，学校组建"大师＋名师"的培训团队，开发了侗锦设计、侗锦工艺等培训项目和与之配套的包括教材、视频、微课等内容的培训包，面向群众开展培训，共举办织锦技艺提升培训 12 期，培训非遗传承人 536 人。学校组织师生开展侗锦创新研究和侗锦旅游产品研发，并将侗锦非遗产品推向长沙城市文化艺术节、湘鄂赣皖四省非遗联展、国际大学生时装展示周、全国职业院校艺术设计类作品"广交会"同步交易展等大型展会。通道侗锦织造技艺国家级代表性传承人、党的十九大代表粟田梅带领乡亲用侗锦"织"出了一个脱贫村，闯出了一条致富路：2018 年，牙屯堡镇文坡村侗锦年产值达到 500 多万元，共有 119 户 529 人脱贫摘帽；如今，全县形成了侗锦良性发展产业链，侗锦成了侗族人民的"摇钱树"。

　　河南职业技术学院与舞阳县结成校地帮扶单位，为全面提升舞阳县域经济社会发展，学校在完成智力、人才、科技、培训、产销等各方面常规帮扶工作基础上，开启既要"富口袋"，也要"富脑袋"的精准帮扶策略，以"文化帮扶"为突破口，润物无声，助推文化精准扶贫。近三年来，学校与舞阳县在文艺演出、学生支教、校园捐赠、大学生社会实践等文化扶贫方面都进行了合作。学校安排音乐学院组建了 16 人的专业培训团队，制订了精准的培训方案和实用的培训课程，主要领导亲自带队赴舞阳县开展培训工作。培训包括声乐、舞蹈及学前教育三个班，涵盖文化、教育等行业，包括幼儿教师、艺术青年人才等，实际参训人员 600 多名，这些学员对带动舞阳县文化艺术提升，引领舞阳县城乡文化及教育发展起积极促进作用，真正实现了学习、提升、带动的培训目标，受到舞阳县相关方面的高度认可。

完善设施建设　改变村容村貌

安徽国防科技职业学院本着"丰富群众文化生活，提高群众精神体质，构建和谐和美太平"的宗旨，学校驻村工作队重点在文化基础设施建设上下功夫，已经建成了 500 余平方米的文化扶贫广场、藏书近 2 000 册的农家书屋、支持远程学习的劳动技能培训室、设施齐全的文娱活动室等基础设施，全部实行免费对外开放。

丽水职业技术学院对口帮扶浙江省松阳县沿坑岭头村，深挖当地历史文化资源，让濒临搬迁的沿坑岭头村焕发生机。学校委派李跃亮副教授，发挥专业优势，创作了一百余幅以沿坑岭头村风土人情为题材的油画作品，并邀请国内外知名画家前来写生、采风，扩大了沿坑岭头村知名度。同时，学校为解决写生、上课、接待、展览等问题，在当地搭建了4 个画家"写生创作亭"和 5 个"写生创作平台"，满足全天候写生创作的需求；利用废弃的民房改建"沿坑岭头美术馆""画家村接待中心"，提供了写生教学、作品展览等场所。沿坑岭头村已成为远近闻名的画家村，每年吸引画家、高校艺术生、游客近 3 万人次，村民年收入增收 300 余万元，并吸引了外出打工村民、大学生回村创业。2014 年，沿坑岭头画家村被国家行政学院中国乡村文明研究中心评为"中国乡村文明建设十个故事"。2015年，沿坑岭头画家村民宿"柿子红了"入选"浙江省十大小而美民宿"，成为浙江省民宿改造样板。2016 年，沿坑岭头村被中国文化管理协会评为"中国新农村文化建设优秀教育阵地"。

三、结对扶贫

结对扶贫是以先富带动后富，逐步达到共同富裕的一种相对发达地区（单位）帮扶贫困地区（单位）的形式和手段。近八年，全国高等职业院校利用自身产教融合优势，通过校村结对、校校结对、东西结对等形式，加强对贫困地区精准帮扶力度，开展东西部职教集团、职业院校结对帮扶活动，带动了贫困地区学校办学水平和质量的提升。通过引入优质资源，扩大了优质高等职业教育资源向贫困地区的供给，增强了贫困地区抵御风险和脱贫致富的能力，发挥了高等职业院校精准扶贫不可替代的重要作用。

（一）校村结对：驻村帮扶成效显著

1. 干部教师驻村

"致富不致富，关键看干部。"[①]高等职业院校发挥自身人才优势，把工作能力突出、领导经验丰富的干部和优秀人才配置到贫困乡村进行驻点帮扶，并为他们提供资源、政策等方面的支持，让他们在脱贫攻坚主战场上发挥才干。在2020年新冠肺炎疫情防控工作中，高等职业院校驻村干部教师始终坚守在驻地，责任扛上肩、危险冲在前，充分体现了共产党员的先锋模范带头作用。

2013年以来，全国高等职业院校累计派出21 524人次干部教师开展驻村帮扶，对口帮扶贫困村9 586个，通过为对口帮扶村出资建设各类示范项目、引进产业项目、引进和捐助资金等方式帮扶贫困地区脱贫，驻村帮扶脱贫575 941人（见表3-1-1）。在职教驻村扶贫工作中，涌现出了山东服装职业学院崔现海、柳州职业技术学院阎志斌、安徽商贸职业技术学院计宏亮、贵州轻工职业技术学院蒲朝新等一大批受表彰的扶贫工作先进个人典型。

---

① 习近平2016年7月20日在东西部扶贫协作座谈会上的讲话。

表 3-1-1　2013—2020 年高等职业院校对口帮扶贫困村情况

项目名称	2013 年	2014 年	2015 年	2016 年	2017 年	2018 年	2019 年	2020 年	合计
派出驻村扶贫干部数 / 人次	520	637	2 217	2 586	3 057	4 179	4 817	3 511	21 524
其中担任驻村第一书记人数 / 人	151	186	379	486	598	772	861	932	4 365
对口帮扶贫困村数 / 个	341	380	915	1 139	1 395	1 848	2 006	1 562	9 586
驻村帮扶脱贫人数 / 人	11 835	20 575	57 138	70 392	94 144	122 308	134 237	65 312	575 941

◎ 泰山职业技术学院选派"第一书记"参与驻村当地新冠肺炎疫情防控工作

 3-1-1

干部教师驻村　校村结对扶贫

湖北科技职业学院对口帮扶恩施州利川市东城街道求男台村。学校驻村工作队关注留守儿童成长,通过访家入户、调研排查,建立留守儿童信息台账,健全留守儿童信息库共51 人,确保不漏一人。确立"一户一对策、一生一责任人"的帮扶原则,形成学校志愿服务队对口帮扶机制。常年开展"点亮微心愿，凝聚正能量"活动，一对一联系 51 名儿童，精准了解需求，帮助小朋友解决小困难、小需求、小梦想，传播向上向善的正能量。在疫情期间，驻村工作队联合校团委开办"彩虹课堂"，为 51 位小朋友寄去了整套的绘画工具和绘画本，根据大家的时间确定了一对一的网上绘画课；通过绘画的形式开展多种主题课程教育。如：安全知识主题，帮助孩子们从小树立自我安全保护意识；爱国爱家主题，引导小朋友们树立正确理想信念。志愿者们针对小朋友进行 100 余次的语数外一对一的线上辅导和课后答疑。多种方式的对接帮扶，让留守儿童"留守不孤独、学习有进步"。

克拉玛依职业技术学院派出 23 名干部战斗在南疆脱贫攻坚战一线，不断推进皮山县 23 个深度贫困村脱贫攻坚进程。各工作队以"一户多策，一人一策"的扶贫策略，抓住扶贫必扶智这个理念，深入每一户贫困户中积极工作，成效显著。皮山县委对学院驻村干部多次进行表彰，并授予鲁志刚等同志"皮山县脱贫攻坚工作先进个人"的光荣称号。

成都职业技术学院创新对口帮扶精准扶贫"三个三"工作法，在高原藏区、革命老区和丘陵地区扎实开展定点帮扶，对口帮扶偏远地区发展职业教育，倾情帮扶 5 县 6 村 318 户 1 190 人脱贫奔小康，充分发挥职业教育在脱贫攻坚中的积极作用。一是突出"三个重"，把精准扶贫作为年度重点任务、优质院校建设的重大项目、社会服务的重要抓手，将精准扶贫转化为学院改革发展的内在需求，建立有效的组织制度、经费保障等帮扶工作机制。二是做到"三个包"，建立"领导包点、支部包村、干部包户"的帮扶责任体系，实现领导调研指导、支部党建联建、干部困难包干、教师培训技术、学生参与实践的全链式扶贫力量投入体系，营造"人人皆要为，人人皆可为"的扶贫氛围。三是找准"三个点"，学院将帮扶需求转化为项目找准帮扶着力点，建设农民素质教育学院＋农民夜校工作体系找准群众内生动力激发点，因地制宜发展地方特色产业找准群众收入新的增长点，实现帮扶成效精准。

武汉船舶职业技术学院对口帮扶武汉市汉南区水三村，同时定点扶贫蕲春县李时珍中医药职业技术学校。针对受援学校特点和需求，学院采取有效措施，既投入真情实感又拿出真金白银，切实帮扶受援学校提高办学水平。在自身经费十分困难的情况下，学院毅然拿出 35 万元支持受援学校提高教学条件、慰问困难师生。为受援学校培训教师 500 人次，接受学生到校参加技能培训 80 人次。2020 年 3 月下旬，武汉市因新冠肺炎疫情处于封控状态，学院驻村工作队克服困难、不顾安危进驻水三村，与村两委会并肩战斗。他们为村民宣传防疫知识，在村口卡点值班值守，协助运送村民外出买药看病，发放各类防疫物资，配合做好全民核酸检测。工作队为确保水三村疑似病例、确诊病例两项数据始终为"零"做出了重要贡献。在疫情防控常态化情况下，工作队积极推动村民复工复产，及时联系沟通，开展政策宣讲，帮助村民尽快就业。2020 年 7 月，水三村汛情严重，工作队带头参加防汛值守，带领村民奋战在防汛一线，确保水三村长江责任区堤坝安全。

2. 帮扶经济发展

高等职业院校充分发挥自身专业优势，结合农林技能应用，着眼市场需求，紧盯贫困农村特色产业，因地制宜开展农村实用技术培训和扶贫创业致富带头人培训等活动，为对口帮扶村产业发展提供专业技术支持，助力产业发展项目的开发与引进，产业扶贫资金逐年上升。

2013 年以来，全国高等职业院校为对口帮扶村产业发展提供技术支持累计 10 237 项，为对口帮扶村产业发展开发和引进的项目累计 6 420 项（见图 3-1-1），为对口帮扶村捐助和引进的产业扶贫资金 292 383.73 万元（见图 3-1-2）。同时，高等职业院校持续扩大对口帮扶村产品和服务采购规模，为帮助贫困群众稳定脱贫奉献真情，面向对口帮扶村开展的消费扶贫总金额达 100 725.80 万元（见表 3-1-2）。如济南工程职业技术学院对口帮扶莱芜区大王庄镇校村签订服务共建协议，捐赠 30 万元专项资金用于党群服务中心建设。学校汇集专家教授开展实地调研，提出专业指导意见，协调多家单位推进农村电商平台建设，助推"益农网"当地特色农产品销售。

图 3-1-1 2013—2020 年高等职业院校帮扶贫困村发展产业情况

图 3-1-2　2013—2020 年高等职业院校为对口帮扶村捐助和引进的产业扶贫资金数

表 3-1-2　2013—2020 年高等职业院校面向对口帮扶村开展的消费扶贫总金额情况（单位：万元）

年份	2013 年	2014 年	2015 年	2016 年	2017 年	2018 年	2019 年	2020 年	合计
面向对口帮扶村开展的消费扶贫总金额	437.18	655.76	2 999.56	2 387.66	3 230.56	33 787.27	49 398.06	7 829.75	100 725.80

◎ 陕西职业技术学院驻村工作队帮助艾家河村黄芪种植户引进新技术，开展技术培训服务

◎ 广西农业职业技术学院教授在驻村农业种植基地指导果树种植技术

◎ 济源职业技术学院邀请技术员对村民进行油葵种植技术现场指导

提供技术技能支持　结对帮扶发展特色产业

湖南环境生物职业技术学院联村帮扶特色产业，推动村民脱贫致富。魔芋是怀化市会同县特色产业，学校科技团队中的专家多次深入生产基地开展魔芋丰产高效栽培研究，总结出从选种、整地、起垅、种植、施肥、病虫害防治等一套适合会同魔芋丰产高效栽培的技术规范，有效防治了魔芋土传病害的发生，并通过改造由中高海拔移至中低海拔种植，扩大了种植范围。在学校科技团队的助力下，会同县提高了魔芋产量和质量，在全县18个乡镇种植魔芋3.5万余亩、带动周边市县种植达5万亩，带动贫困户2519户、贫困人口8570人种植魔芋脱贫致富，产品还获湖南省首届林业博览会金奖及地理标志产品保护，实现了"小魔芋彰显大魔力"。

武威职业学院发挥优势资源造血脱贫，瞄准扶贫村荒滩戈壁多、光照时间长等特点，以"产学研基地"为平台，因地制宜找到了依靠多种新型产业扶贫的好路子。学校领导班子多次深入武威市古浪县黑松驿镇了解情况，结合当地实际，在该镇成立了畜禽养殖产学研基地，动员贫困户成立养殖合作社，投资110万元帮助该镇发展富民产业。原芦草沟村贫困户柴志虎，通过合作养殖，吸收17家贫困户入股发展肉牛养殖和"羊银行"，养殖规模达500多头，实现了集体脱贫。

3. 协助乡村治理

高等职业院校在校村结对帮扶中，抓牢"基层党建引领"主线，协助村两委会抓好乡村治理，加强基层组织建设，完善村级管理制度18 125项（见图3-1-3），村级组织凝聚力、战斗力明显提高。驻村干部教师党员通过担任第一书记、日常联系帮助解决生活困难、思想联络帮提精神状态等"联帮"方式对接贫困户，助力脱贫攻坚工作顺利开展。山东畜牧兽医职业学院强化党建引领促脱贫攻坚，在对口帮扶村开展"致富能手""和谐邻居""党员先锋模范""优秀村民代表"等评选表彰活动，充分发挥党员先锋模范作用，增强了村两委班子的凝聚力，提升了村民脱贫致富的信心和决心。遵义职业技术学院在扶贫工作中创新基层治理思路，总结出"1125"工作方法：开"1"场高质量的群众会；吃"1"次有意义的大锅饭；建"2"个组级阵地——组委会和"五老人员"活动室；组织"5"老人员——老党员、老军人、老教师、老村干、老退休干部亮身份、正家风、做表率、传美德。

图 3-1-3　2013—2020 年高等职业院校帮助对口帮扶村完善村级管理制度数

◎ 河北化工医药职业技术学院关爱留守老人，开展健康管理等服务

加强驻村帮扶　助力乡村治理

　　山东商业职业技术学院对口帮扶滨州市沾化区利国乡利国一村。学校因地制宜，找钥匙、破难题，建设了新型职业农民培训与实践中心。中心引进优质培训资源，开展群众技能培训，提高群众劳动技能，增强群众致富本领，激发群众脱贫致富的内生动力，探索"农村＋学校"的产教融合新模式。新建 1 200 平方米的实践中心，引进儿童羽绒服加工项目，可解决 60 名妇女的就业问题，人均月工资 3 000 元，实现群众的就近就业、持续增收，将群众留在乡村，真正实现村集体和群众的"双受益"。帮扶村土地盐碱化程度严重，且灌溉条件很差，沟渠水和地下水的盐碱度也很高，造成农作物品种单一，产量低，如何找到适宜的品种是急需解决的问题。学校驻村干部带领村两委会委员和种植能手多方、多次考察，反复论证，选定了金银花品种，因为疫情以来，全球对中草药的需求量增大，盛花期时，每亩能收入 1.5 万~2 万元，并且一次种植、多年收益，市场前景广阔。

　　黄河水利职业技术学院承担开封市祥符区郭景村定点扶贫任务以来，创新"党建＋"驻村帮扶，营造文明尚德乡风。学校每年拨付扶贫专项资金 50 万元，多方筹措资金 200 余万元用于基础设施建设，完成两期美丽乡村建设工程，新建村两委会办公场所 300 平方米，修建文化广场 2 000 平方米等，完善村级管理制度 8 项，建立乡规民约 5 项，营造了文明尚德的乡村风貌。创新"党建＋"产业帮扶，助力美丽乡村建设。学校 65 个基层党支部和759 名教师党员，通过实施"支部＋党员＋贫困户"的帮扶模式，引进开封圆方健康食品有限公司，打造"校＋企＋村＋户"的农作物种植模式，让贫困群众富在产业链上。目前，郭景村已脱贫摘帽退出贫困序列，贫困群众人均收入达 5 000 元以上，"党建＋"精准扶贫成效得到广大人民群众的充分肯定和赞誉，连年获评"开封市脱贫攻坚工作先进单位"。

　　重庆城市管理职业学院文化与旅游学院空中乘务专业的肖温雅老师用自己的汗水和才能，在巫溪县下堡镇下堡村的脱贫攻坚画卷上勾画出厚重的一笔。为了宣传党的扶贫政策，激发村民的爱家、爱集体、爱国情感，2019 年 4 月，肖温雅创建了"今日下堡村"微信公众号。截至 2020 年 7 月，公众号共发表原创文章 21 篇，转载 4 篇。《美丽下堡村》《基层党组织的牵挂和温情——下堡村党支部以实际行动关爱特殊困难群体》《第一书记访谈录——大学生看家乡》等文章获得了村民的广泛好评。肖温雅认为当前农村的脱贫攻坚，基础设施改善和建设只是皮，而要真正地解决农村贫困问题，还得催生农民内生动力，发展特色支柱产业。巫溪县自然条件优越，水土气候特别适宜农作物生长，巫溪洋芋、青脆李、猕猴桃、老鹰茶、党参等农作物誉满全国。肖温雅多方运作，通过线上线下牵线搭桥，打通了农产品销售的渠道。2020年6月，在肖温雅的组织下，下堡村和顺丰控股股份有限公司达成合作，顺丰公司通过网上平台为村民销售土豆1 500余斤。7月，为村民销售青脆李1 200余斤。在老百姓心中赢得了赞誉和口碑。

贵州经贸职业技术学院紧扣农村产业革命"八要素"①，找准产业发展路子。采用"党支部＋合作社＋农户"组织模式大力发展村集体经济；发挥党支部的政治优势和组织优势打造全市"村社合一"示范建设；以"校农结合""农政结合""农超合作"的模式开展产销对接，助推"赤货出山"。实现村集体经济收入从2017年不足10万元增加到2018年的30.5万元。2019年下半年，通过引进第三方市场主体，在全村规划种植中药材500亩，2019年村集体经济收入破百万元，带动农户增加经济收入约750万元。

肇庆医学高等专科学校精准帮扶广东省肇庆市广宁县宾亨镇永泰村、寺湾村、罗溪村、江西村等4个行政村，帮扶贫困户280户，共计521人。在扶贫工作过程中，通过"党员示范、科学调研、精准施策、扶贫扶智"等多种特色做法，高质量完成了扶贫攻坚任务。积极开展产业扶贫，先后建成光伏发电项目、百香果种植项目、花生种植项目，累计投入近78万元，项目收益以分红的形式派发给贫困户；给贫困户赠送农用物资及养殖种苗，累计投入近182万元；大力实施智力扶贫，接收贫困户的适龄子女入读学校的中职专业；将人民卫生出版社捐赠价值50万元的书籍投放到4个村的"农家书屋"，丰富了村民的阅读资料，提高了知识水平；校工会定购贫困户养殖的农产品，累计购买农产品约120万元，作为工会福利发放给教职工。

包头铁道职业技术学院对口帮扶内蒙古包头市固阳县西斗铺镇刘伟壕村，先后派出4位干部驻村扶贫，组织20余名专业技术人员开展专家服务，动员全院11个党总支和37个党支部与刘伟壕村13户贫困户结对帮扶，通过助圆心愿，解决贫困村民的"烦心事"，征集到的27条微心愿，已全部帮助实现。通过一系列打动人心的帮扶举措，与贫困户建立了深厚的友谊，并形成长期关注、关心、关爱的联系模式，帮助广大村民"得实惠"。在帮

---

① 农村产业革命"八要素"是指产业选择、培训农民、技术服务、资金筹措、组织方式、产销对接、利益联接、基层党建。

助贫困户完成心愿的同时，学院党委采取"输血"与"造血"相结合的有效措施，精准发力，在提高村民收入、发展村集体经济上下功夫。学院投资 20 万元为村集体援建的石磨面粉加工厂，2019 年投产运营，日生产面粉 800 斤，为村集体经济增加年收入 1 万元，同时提供了一定数量的就业岗位。学院党委派驻刘伟壕村的干部从入户走访、谈心谈话、解决好生活生产实际问题入手，把工作做到了群众心坎上，抓好扶智与扶志，培养有知识有技能的新型农民，群众脱贫的主动性、创造性被激发出来，从"要我做"变成"我要做"。

湖南铁道职业技术学院结对帮扶株洲市攸县万美村、大和村。2015 年至今，从万美村的 9 户结对帮扶贫困户到大和村的 15 户结对帮扶贫困户，从万美村的结对帮扶到大和村的驻村帮扶，从捐建"爱心书屋"到捐赠光伏发电项目，从捐建 20 台计算机的机房到 10 万元新冠肺炎防疫专项奖金的支持，从贫困专项单独招生到"就业一人，脱贫一家"的就业脱贫典型陈雄，学院坚持以务实求真的态度，认真开展精准帮扶工作，得到上级党委的肯定和帮扶村、帮扶家庭的高度认同。2019 年针对贫困生设立单独招生扶贫专项，严格审核建档立卡贫困生资料 37 份，完成招生计划 15 人，为贫困学生提供入学求知新路子。学院坚持每年开展暑期"三下乡"志愿服务实践活动。组织志愿服务团深入联系点帮扶村开展义务支教、爱心捐赠、志愿维修、文艺表演、环境美化、电影放映、趣味运动和最美摄影等活动。至今已组织调研团队 70 支、脱贫攻坚团队 27 支、社会实践团队 48 支，共计 2 000 余名师生奔赴攸县万美村小学等开展社会实践活动。共计服务时长 6 万多小时，帮助万美村成立"爱心书屋"，捐赠图书 3 300 册。

（二）校校结对：结对援助取得实效

校校结对是结对扶贫模式的重要组成部分。2015 年 11 月 27 日，习近平总书记在中央扶贫开发工作会议上的讲话指出："发展教育脱贫一批，……实行大城市优质学校同贫困地区学校结对等帮扶政策。"[①]2016 年，《国务院关于印发"十三五"脱贫攻坚规划的通知》要求："通过改善乡村教师生活待遇、强化师资培训、结对帮扶等方式，加强贫困地区师资队伍建设。"同年 12 月 16 日，教育部等六部门印发的《教育脱贫攻坚"十三五"规划》指出："实施教育扶贫结对帮扶行动。……除在省域内实施职业教育对口帮扶外，组织东部地区职教集团对口帮扶集中

---

① 《在中央扶贫开发工作会议上的讲话》（2015 年 11 月 27 日），中共中央党史和文献研究院编《十八大以来重要文献选编》（下），中央文献出版社 2018 年版，第 40-43 页。

连片特困地区地市（州、盟）职业教育发展。"

2013 年以来，全国优质高等职业院校，通过校校之间一对一或多对一的形式，结对帮扶贫困地区各类学校。校校结对帮扶有效增强了贫困地区学校的办学活力，改善了贫困地区学校的办学条件，为贫困地区培养了各类技术技能人才，增强了贫困地区脱贫致富的内生动力。

1. 紧密结对，加强师资队伍建设

提高贫困地区学校的建设水平，需要打造一支高素质的师资队伍。高等职业院校积极采取措施，结对帮扶贫困地区各类学校，加强贫困地区学校师资力量建设。近八年，高等职业院校到贫困地区学校支教 1 个月以上的教师累计达 16 824 人次，其中到国家级贫困县学校支教 1 个月以上的教师 13 058 人次（见图 3-2-1）；同时，通过送培上门、跟班带教、一对一结对帮扶等各种形式，为贫困地区学校培训教师 583 596 人次，其中为国家级贫困县学校培训教师 316 761 人次（见图 3-2-2）；贫困地区接受帮扶指导的教师获得职业院校教学能力大赛省级以上奖项 1 371 项，其中国家级贫困县接受帮扶指导的教师获得职业院校教学能力大赛省级以上奖项 589 项（见图 3-2-3）。

帮扶学校采取"走出去、请进来"等方式帮助受援学校教师提高教育教学水平，加强了结对帮扶学校间的联系，促进了结对学校间师资队伍的相互交流，有效提高了贫困地区学校整体师资队伍建设水平和教育水平，为贫困地区持续稳定脱贫提供了坚强的教育保障和人才支撑。

图 3-2-1　2013—2020 年高等职业院校到贫困地区学校支教 1 个月以上的教师情况

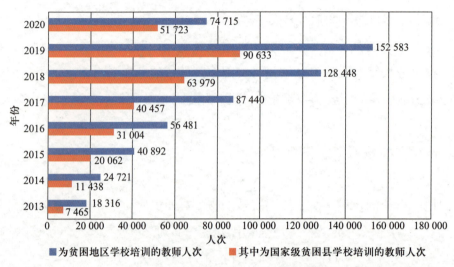

图 3-2-2　2013—2020 年高等职业院校为贫困地区学校培训教师情况

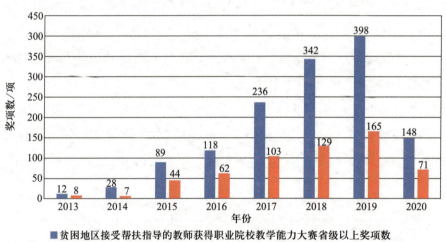

图 3-2-3　2013—2020 年贫困地区接受帮扶指导的教师获得职业院校
教学能力大赛省级以上奖项情况

　　"走出去"形式是相对发达地区的高等职业院校向贫困地区学校输出师资队伍建设资源。如襄阳职业技术学院结对帮扶西藏山南市职业技术学校及新疆博尔塔拉蒙古自治州职业中专，每年选拔优秀干部、优秀教师到受援学校支教，协助开展专业建设。安徽国际商务职业学院发挥资源优势，为扶贫联系点提供暑期小学英语教师培训班。北京电子科技职业学院选派骨干教师到西藏职业技术学院挂职交流，带动了受援学校专业建设、教学科研等各项管理水平的提升。贵州护理职业技术学院派出骨干教师赴台江县中等职业学校支教，提高了受援学校的师资队伍整体水平。通过结对帮扶，帮助受援学校教师深入理解教育教学理念，提升教师队伍专业水平和教学能力，受援学校的师资队伍水平得到有效提升。

　　"请进来"形式是相对发达地区的高等职业院校创造条件接受贫困地区学校教师到优质高等职业院校进修。如北京农业职业学院组织结对帮扶的拉萨市第一中等职业技术学校130名教师赴北京学习相关专业教学提高方法。厦门城市职业学院先后接收来自甘肃省临夏州的临夏现代职业学院相关骨干教师，开展短期教学实践和进修。武汉软件工程职业学院为结对帮扶的贵州职业技术学院免费培训教师和管理团队475人次。

◎ 兰州资源环境职业技术学院结对帮扶舟曲职业中等专业学校教师开展提升教学能力培训

◎ 昆明铁道职业技术学院结对帮扶昭通职业技术学校专业教师开展一对一专业培训

 3-2-1

定向培养　跟岗送教

　　湖北生物科技职业学院发挥自身农业类学校的优势，帮扶位于恩施州宣恩县的宣恩中等职业技术学校（简称"宣恩中职"）发展教育事业。2017年7月，为结对帮扶的宣恩中职首次举办了现代农艺技术和计算机网络安全教师培训班，之后每年派出至少2名现代农艺和计算机专家赴宣恩中职进行信息化教学能力等方面的培训，累计培训教师200余人次。

　　江苏医药职业学院在牵头成立的政校行企"四方协同"帮扶工作组平台上，建立了向内进驻和外派培训的"双向"帮扶，以及教学、管理、实训、实践"多岗"带教的"双向多岗"精准帮扶模式。已与多个受援院校合作共建在线课程8门，受援院校教师在云南省级各类比赛中斩获奖牌7枚，其中金牌2枚。

　　福建船政交通职业学院在牵头成立福建省脱贫攻坚职业院校合作共同体的基础上，又吸收甘肃省贫困县的2所职业院校加入。在合作共同体平台上，搭建教师综合能力提升平台，提升教师水平，累计接收宁夏职业技术学院、甘肃临洮职专、省职校共同体教师等213人次参加培训进修，有效地提高了共同体教师的教育教学能力和业务水平。

　　新疆工业职业技术学院结对帮扶阿克苏地区阿瓦提县职业技术学校。受援学校教师16人次接受专业培训，12人获得中级工以上职业资格，受援学校的双师比例由不足20%提高到50%。通过接受师资培训，受援学校有13名教师获得了中国少数民族汉语水平等级考试（MHK）三级乙等证书，提高了教师的国家通用语言文字教学能力，为普通话教学全覆盖打下了坚实基础。

　　广东轻工职业技术学院牵头11所高等职业院校，共同发起组建"职业院校对口支援协同发展联盟"。通过联盟平台，为联盟院校教师提供信息化教学实践技能培训，为联盟院校乌鲁木齐职业大学、汕头职业技术学院教育管理骨干提供多个专题培训，累计培训173人次。派出专家团队赴和田送教上门，对和田地区受援学校近200名骨干教师开展教学培训和实地指导。自2007年以来，先后与广州铁路职业技术学院、四川工商职业技术学院、乌鲁木齐职业大学、大兴安岭职业学院、毕节工业职业技术学院、甘孜藏族自治州职业技术学校、黑龙江信息技术职业学院、汕头职业技术学院、广东财贸职业学院等9所高职院校开展深度精准帮扶工作，派出干部教师，提供资源支持，彰显了学校作为全国示范性高职院校、"双高计划"学校的辐射效应。

南京信息职业技术学院结对帮扶西藏职业技术学院，专业教师组建合作团队，将信息技术与藏族文化紧密融合，开发信息化课程教学资源，荣获全国职业院校技能大赛教学能力比赛三等奖。通过结对帮扶，带动西藏职业技术学院成功申报信息化建设的省级课题1项，开展信息化教学教师10人，进行信息化教学改革课程30多门，受益学生约200人。

2. 援助捐赠，改善实训教学条件

实训类课程是体现职业教育类型特征的重要部分。实训类课程质量的高低也影响着职业院校人才培养质量的高低。贫困地区职业院校实训教学条件由于受到本身建设理念滞后、长期投入不足等因素的影响，亟待改善升级。

近八年，高等职业院校帮助贫困地区学校建设实训室2 687个，其中帮助国家级贫困县学校建设实训室1 613个（见图3-2-4）；同时，高等职业院校在自身经费紧张的情况下，克服各种困难，积极为结对帮扶贫困地区学校捐赠大量教学设施和实训设备，共计折算金额超过1.9亿元，其中为国家级贫困县学校捐赠设施设备折算金额超过1.1亿元，有效改善了受援学校的实训教学条件。

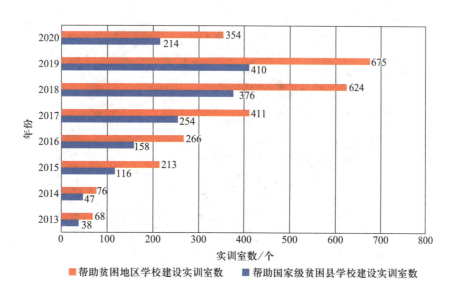

图3-2-4 2013—2020年高等职业院校帮助贫困地区学校建设实训室情况

在结对帮扶过程中，一方面，高等职业院校结合受援学校的专业特色和学生实训需求，帮助受援学校制（修）订实训基地建设规划。如由天津职业大学牵头，整合天津职业教育优势资源，共同援建和田职业技术学院。共帮扶受援学校 9 个专业的规划建设，完成 6 个专业的设备采购与项目设计、论证，建设完成 45 个实训室，制订校级文件 22 份。山西青年职业学院帮扶临县高级职业中学，对原实训基地建设规划做了调整，制订了电子商务专业基础实训室建设规划，建设了满足实训教学需要的电子商务专业基础实训室。上海科学技术职业学院指导遵义职业技术学院，先后建成并装备了机电实训楼和机电、建筑、汽车、电子商务等 10 个实训室及专业机房。

另一方面，高等职业院校直接援助贫困地区学校，定向捐赠各类实训设备，援建设备先进的实训室。如泉州医学高等专科学校捐赠 30 万元，协助云南省怒江民族中等专业学校用于护理专业的实训室建设。湖北国土资源职业学院指导位于十堰市房县职业技术学校开展实训室建设，投入 50 万元协助建成学前演艺实训大厅。盐城工业职业技术学院帮助铜川职业技术学院完成单片机实训室、学前教育专业智慧实训室建设项目，提供帮扶资金 20 万元。湄洲湾职业技术学院先后援助宁夏回族自治区西吉中等职业技术学校 12 万元，用于共建实验实训室、教学资源库和图书馆。武汉警官职业学院向湖北省利川市民族中等职业技术学校提供 100 万元的资金支持，帮助该校建设大型云计算机样板教室。湖南工业职业技术学院帮扶洪江职业中专学校 30 万元，助力该校建设 3D 打印实训室。

◎ 南京工业职业技术大学帮扶云县高级职业中学汽车专业改善实习条件

◎ 江西生物科技职业学院援助江西省乐安县职业中学规划建设电子商务实训室

◎ 湖北交通职业技术学院结对帮扶郧阳科技学校捐赠新能源汽车维修实训室

◎ 南京铁道职业技术学院支援建设陕西机电职业技术学院专业实训基地

◎ 湖南信息职业技术学院帮扶泸溪县第一职业中学建成计算机综合实训室

 3-2-2

援助捐建，提高贫困地区职业院校实训水平

江西工业贸易职业技术学院分批向江西省遂川县职业中学捐赠 40 套（价值约 23.9 万元）雅马哈品牌的数码钢琴（含配套的琴凳、琴套），用于援建学前教育专业实训场所建设，同时协助其完善实训基地管理办法和运行模式。2020 年疫情期间，江西工业贸易职业技术学院组织教师与遂川县职业中学教师共同分享线上教学中课程申报、师资准备、教学条件、质量监控等实施环节的重要经验与做法。

湖北艺术职业学院依托自身行业优势，帮扶国家级贫困县宜昌市长阳土家族自治县职业教育中心，协助加强专业课程建设，提升专业人才培养、教学研究、实习实训等整体教学水平。捐赠对口扶贫款 21.5 万元、钢琴 1 台，帮助建设规范化的钢琴教室、舞蹈教室，协助受援学校的学前教育专业规划建设"蒙氏教学实训室"。

新疆铁道职业技术学院对口帮扶喀什市职业技术学校，先后为受援校捐建了 1 间多媒体语音教室、1 间电工电子实训室和 1 间可编程控制器实训室，捐赠若干汽车运用与维修专业的实训设备与耗材，搭建网络教学平台。为对口帮扶的和田地区中等职业技术学校改建 1 间、捐建 1 间多媒体语音教室，累计捐赠设备建设款额 123 万元。

3. 共享资源，帮助提升办学水平

近八年来，高等职业院校对口帮扶贫困地区学校规模不断扩大。截至 2020 年，累计达到 9 359 所，其中对口帮扶国家级贫困县学校 5 533 所，占比 59.12%（见图 3-2-5）。高等职业院校援建国家级贫困县学校专业建设点累计达 3 460 个（见图 3-2-6）。受援学校的人才培养质量和专业教学水平也有了明显的提升，贫困地区院校接受帮扶的专业在职业院校学生技能大赛中

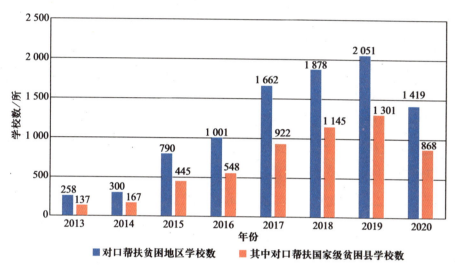

图 3-2-5　2013—2020 年高等职业院校对口帮扶贫困地区学校情况

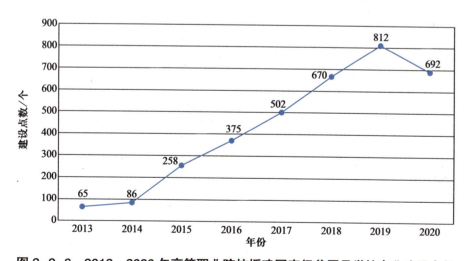

图 3-2-6　2013—2020 年高等职业院校援建国家级贫困县学校专业建设点数

获得省级以上奖项从 2013 年的 103 项上升到 2019 年的 1 727 项，增长了约 16 倍，其中国家级贫困县接受帮扶专业在职业院校学生技能大赛中获得省级以上奖项，从 2013 年的 51 项上升到 2019 年的 789 项，增长了约 15 倍。如台州职业技术学院自 2015 年起，长期帮扶新疆阿拉尔职业技术学校，受援学校办学水平获得快速提升。2020 年 4 月，经教育部批复，受援学校成功升格为塔里木职业技术学院。浙江金融职业学院帮扶青海柴达木职业技术学院，开放共享 160 多个数据库资源，受援学校教师的教学和科研能力得到大幅提升。

2020 年受新冠肺炎疫情影响，按照教育部"停课不停学""停课不停教"要求，高等职业院校通过共享教学资源、开展线上教学服务等多种方式，加大对受援学校的协同教学帮扶力度，提高受援学校在线教学水平和教学质量。如苏州工业园区服务外包职业学院通过共享视频微课、慕课，赠送专著、教材、精品课程电子课件，以及共享技能竞赛平台等形式，有效实现与结对帮扶对象云南省红河哈尼族彝族自治州财经学校的教学资源共享。昆明工业职业技术学院利用云南省教育厅在线网络培训平台，邀请来自普洱市结对帮扶对象墨江县职业高级中学、镇沅县职业高级中学和景东县职业高级中学的教师们，结合教学实际需求参加师资在线培训。江苏工程职业技术学院利用自身信息化教学优势，为结对扶贫的克孜勒苏职业技术学院教师开展线上教学信息化应用培训。经过协同培训和开发，受援学校共有 94 门课程如期在线"开课"，占新学期应开课程的 82.6%。北京信息职业技术学院结对帮扶新疆石河子工程职业技术学院思政课建设，通过共享教学资源，利用信息技术创新思政课堂组织形式，有效提高了受援学校思政类课程教学质量。

校校结对的扶贫形式，有助于促进高等职业院校与帮扶学校之间的深度合作协同，促进结对院校共同发展。如福州职业技术学院结对帮扶宁夏财经职业技术学院，酒泉职业技术学院结对帮扶甘肃省的通渭县职业中等专业学校，浙江机电职业技术学院结对帮扶青海柴达木职业技术学院，杭州科技职业技术学院结对帮扶贵州省的毕节职业技术学院，浙江纺织服装职业技术学院结对帮扶阿克苏职业技术学院，天津商务职业学院和天津机电职业技术学院组团对口帮扶和田职业技术学院，上海农林职业技术学院结对帮扶莎车县职业技术学校等结对院校，山西电力职业技术学院结对帮扶山西省忻州市偏关县职业教育中心，在专业建设、课程建设、师资队伍培训、优质教学资源共享、学生技能大赛、创新创业比赛、改善办学条件等多个方面开展了精准的职业教育扶贫援助工作，取得了丰硕的帮扶成果。

◎ 新疆农业职业技术学院为结对托管的 4 所中职学校培训师资共建实训基地

◎ 海南外国语职业学院结对帮扶定安县祖坡村小学办学软硬件水平大幅提升

 3-2-3

深度合作，助力贫困地区职业院校发展

福建信息职业技术学院结对帮扶宁夏工业职业学院，促进师资队伍共培共享，双方互派师资开展专题学习和学术交流活动，共接受来闽培训教师 29 人次。共同开展教科研课

题研究，受援学校获宁夏哲学社会科学规划年度项目立项一项。共同开展学生技能训练，协助辅导受援学校学生获得全国技能大赛一等奖和二等奖。为了帮助家庭困难学生，福建信息职业技术学院通过"福信小马基金"，资助受援学校 6 名家庭困难学生 7.56 万元用于在校三年的学习。

广西国际商务职业技术学院同结对帮扶的靖西市职业技术学校合作办学，协同构建中高职衔接课程体系，共同争取受援学校当地中等专业学校改革财政资助累计约 1 800 万元。协助受援学校实施对越职教培训项目，开设中越双语教学班，给予越南学员和越方管理教师经费支持。为靖西市与越南高平省间的口岸经济、旅游合作、文化交流等领域的发展提供双语人才，助推广西从"通道经济"向"口岸经济"的战略转变。

黔南民族幼儿师范高等专科学校发挥自身专业优势，领办易地扶贫搬迁小学和幼儿园共 8 所，现有学前适龄儿童 1 100 多人，小学阶段适龄儿童 3 000 多人。为做好领办工作，坚持"一校一策"，制订帮扶措施。同时，精心组织、周密安排，选派政治素质好、教学能力强的优秀老师参与，目前共选派教师 31 人和顶岗实习优秀学生 60 人参与领办工作。

新疆交通职业技术学院对口帮扶策勒县职业技术学校，协助受援学校将专业重新整合为专业群，提高了专业建设的整体水平。针对受援学校校舍不足、学生实习难等问题，推动受援学校 8 个专业与 28 家企业联合实施现代学徒制试点工作。通过改革，受援学校在和田地区职业学校技能大赛暨全国"三区三州"地区职业技能大赛选拔赛中，师生获奖率达 90%，教师组获奖 2 项，学生组获奖 6 项，学校荣获优秀组织奖。

金华职业技术学院依托其主持建设的学前教育专业教学资源库，在疫情期间，为结对帮扶的西昌民族幼儿师范高等专科学校实现"停课不停学"发挥了重要作用。2020 年 2—6 月间，共有 1 567 名学生、72 名教师新注册为学前教育专业教学资源库用户，共新建 13 门个性化课程，累计使用日志 14.43 万条，为推动受援校线上线下混合教学奠定了基础。同时，以服务凉山州经济社会发展需求为原则，协助受援学校完善了学前教育、小学教育等已设专业的人才培养方案，又新申报专业 3 个。

无锡职业技术学院积极响应教育部就业"一帮一"的行动号召，与咸宁职业技术学院结成帮扶对子，共同做好疫情形势下的高校毕业生就业工作。无锡职业技术学院将本校的生涯教育测评系统无偿开放给受援学校使用，现已服务两校毕业生 5 000 余人次。两校还联合举办"锡心同行，广开咸路"春季和夏季四场网络招聘会，共吸引 800 家单位参与线上招聘，提供 3.5 万个就业岗位，学生投递简历 3 800 余份。

（三）东西结对：扶贫协作成果丰硕

习近平总书记指出："东西部扶贫协作和对口支援，是推动区域协调发展、协同发展、共同发展的大战略，是加强区域合作、优化产业布局、拓展对内对外开放新空间的大布局，是实现先富帮后富、最终实现共同富裕目标的大举措。"高等职业院校以习近平总书记重要指示精神为遵循，坚持优势互补，提升协作品质，不断探索实践，形成了多层次、多形式、全方位的扶贫协作和对口支援格局。东、中部地区高等职业院校将扶贫协作和对口支援作为重大政治任务，切实强化责任担当，积极推动人才、资金、技术向西部地区流动，在学生培养、校校结对、技术培训、人才交流、劳务输出、产业开发等方面加强对西部地区的帮扶。西部地区主动对接，加强协作，积极作为，共同探索了高等职业院校扶贫协作新模式，形成了精准扶贫、精准脱贫的强大合力，发挥了高等职业院校在东西部扶贫协作中的重要作用，取得了丰硕成果。

1. 招生兜底，招收西部地区学生

根据《教育部 国务院扶贫办关于印发〈职业教育东西协作行动计划（2016—2020 年）〉的通知》精神及教育部办公厅、国务院扶贫办综合司贯彻落实该文件"实施方案"的要求，东、中部高等职业院校认真落实东西协作中职招生兜底行动，采取单列招生计划、东西部联合招生、成建制办班、定向特招等措施招收西部地区学生。近八年共招收西部地区学生 686 657 人，高等职业院校成为西部地区学生接受高中阶段教育和高等教育的主要场所（见图 3-3-1）。高等职业院校高度重视西部地区学生的培养，在专业选择、助学帮扶、实习安排、就业推荐等方面优先考虑，保证了西部地区学生顺利完成学业和实现就业，达到一人就业、全家脱贫目标。

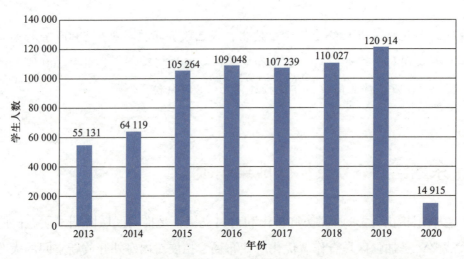

图 3-3-1　2013—2020 年东、中部高等职业院校招收西部地区学生情况

◎ 贵州航天职业技术学院举办沪遵劳务协作订单班，培训输送贫困劳动力到
　沪东中华造船（集团）有限公司

◎ 泉州海洋职业学院实施招生招工一体化扶贫项目

 **3-3-1**

以职教大爱温暖西部地区少数民族学子求学路

无锡商业职业技术学院对接江苏省"雪鹰通航"重点产业援藏项目,与国内通航龙头企业若尔通用航空发展集团有限公司共建若尔通用航空飞行学院,以现代学徒制模式培养藏族直升机飞行员,填补了藏区通航产业技能人才空白。首批招收28名建档立卡藏族贫困户家庭子女,开展直升机飞行和维修培训。专门组建由企业领导、飞行教员、学校领导、骨干教师、机务工程师、专业负责人组成的育人团队,构建"双证融通"型育人体系。已有11名藏族学员取得大专文凭,8名藏族学员取得直升机驾驶执照并顺利就职,平均月收入超过1.2万元。不仅为西藏地区通航产业培养了急需的飞行技术人才,也帮助藏族学员改善生活、改变命运。

毕节职业技术学院按照现代学徒制办学模式和要求,围绕"广东技工、粤菜师傅、南粤家政"三大工程,举办校企合作双元育人精准扶贫"订单班",推行"2+1"或"2+0.5+0.5"模式校企合作共同育人模式,实现"招生即招工,毕业即就业"。学院与广州汽车集团股份有限公司等16家广州大型企业签署合作协议,围绕人才培养、专业建设、师资建设、实训基地建设、技能提升、就业平台、企业文化传承等方面开展合作。开办了精准扶贫"订单班"34个,招收学生1 200余人,贫困学生占比80%,建档立卡学生占比30%以上。首届"广港班"34名农村贫困学子毕业后入职广州港集团有限公司,成为公司正式员工,实现了从农村"放牛娃"变为现代大都市大企业"高级技工"的人生梦想。

黑龙江农业经济职业学院主动融入西部经济发展主战场,积极发挥职教协同攻关效应,打造多方参与的战略联盟,在提升专业服务产业能力的同时,增强学校与西部区域经济发展的融入度。与西藏地区畜牧局联合培养畜牧业紧缺人才,结合区域精准扶贫战略,积极争取精准扶贫专项招生计划。围绕西藏畜牧业产业特点和发展需要,优化畜牧兽医和动物医学专业特色课程体系,创新校地合作人才培养模式。精准培养"藏区牧匠"近300人,为西藏地区相关市县实现精准扶贫、精准脱贫的工作目标发挥了积极助力作用。同时,通过奖助减免扶贫、精准培养扶智、榜样引领扶志三大举措,不断调整扶贫方式和模式。加强"藏区牧匠"技能培养,变"输血"为"造血",探索了教育扶贫新路子。

长沙民政职业技术学院实施"孤残儿童高等教育助学工程",组织西藏单独招生,累计招收各类西藏籍学生近2 000人。其中，97.1%返回西藏就业，80%为基层公务员，约1/3奋斗在西藏一线扶贫岗位。带着感情培养帮扶，推动西藏籍学生返乡回哺，形成了学历培养、返乡回哺、岗位建功的特色脱贫攻坚模式，筑牢职教援藏人才路基。已有600多名西藏籍校友奋斗在一线扶贫岗位，如当雄县扶贫站副主任鲁永生、山南市错那县扶贫站副主任拉巴顿珠、亚东县康布乡党委副书记小次顿等。他们全程参与所在单位脱贫攻坚工作，致力于提高贫困人口的参与度和受益水平，突出产业扶贫、易地扶贫搬迁和生态扶贫，实施教育扶贫、转移就业扶贫、健康扶贫和低保兜底，让帮扶有效贯穿到"最后一公里"，脱贫"天路"在他们的接续奋斗中不断向前延伸。

常州信息职业技术学院立足信息特色优势，通过开展信息化教学示范推广、职教集团对口援助、教学资源网络共享等，构筑起精准扶贫的"信息高架"。学院牵头成立了长三角软件职业教育集团，开展集团化对口帮扶。依托职教集团，先后为新疆农业职业技术学院等多所院校举办支教和研修活动，受教对象超过220人次，起到了辅助教学、展示形象、扩大影响的良好作用。疫情防控期间，学院精准帮扶、对口援助湖北地区。组织优秀专家团队，利用职教云搭建SPOC（小规模限制性在线课程）开展教师培训，帮助鄂东职业教育集团教师提高在线教学能力和自建资源能力。与武汉信息传播职业技术学院举行云签约仪式，开展"一帮一"毕业生就业创业对口帮扶工作。

2. 东西协作，帮扶西部地区学校

结对帮扶西部地区学校发展是东、中部高等职业院校开展东西部扶贫协作和对口支援的主要内容。近八年，东、中部高等职业院校对口支援西部地区学校2 598所，与西部地区职业院校共建分校（教学点）175个。如闽江师范高等专科学校通过"走出去、请进来"培训模式帮扶甘肃省定西市提高师资队伍整体素质。山东工业职业学院实施管理帮扶、专业帮扶、师资帮扶和对口交流的"3+1"对口支援计划，与石河子工程职业技术学院实现精准结对，有效帮扶。

近八年，东、中部高等职业院校选派专业教师到西部地区支教1个月以上达4 360人次，培训西部地区学校教师127 340人次，受帮扶指导的教师获得职业院校教学能力大赛省级以上奖项达529项（见表3-3-1）。涌现了一批优秀援疆教师，如湖南大众传媒职业技术学院邓良才、河北旅游职业学院田晓、岳阳职业技术学院王红、闽西职业技术学院钟国坚等。同时，为西部地区学校捐赠设施设备折算总金额6 385.03万元，以专递课堂、名师课堂等方式与西部地

区学校共享优质教学资源，受帮扶的专业在职业院校学生技能大赛中获得省级以上奖项 1 943 项。通过有效帮扶，西部地区职业院校改善了基本条件，建强了师资队伍，提高了办学水平，并逐步成为当地高素质技术技能人才培养的主要阵地。

表 3-3-1 　2013—2020 年东、中部高等职业院校帮扶西部地区学校师资情况

项目名称	2013 年	2014 年	2015 年	2016 年	2017 年	2018 年	2019 年	2020 年	合计
到西部地区学校支教 1 个月以上的教师数 / 人次	116	87	886	207	802	850	1 265	147	4 360
为西部地区学校培训教师数 / 人次	6 090	6 334	8 828	13 013	20 340	26 668	31 121	14 946	127 340
西部地区学校接受帮扶指导的教师获得职业院校教学能力大赛省级以上奖项数 / 项	5	17	29	54	81	118	167	58	529

◎ 济宁职业技术学院支教老师在新疆英吉沙县职业高中辅导学生

◎ 常州机电职业技术学院"智能制造"走进青海省黄南藏族自治州职业技术学校的校园

 3-3-2

凝心聚力，结对帮扶促东西部协同发展

武汉职业技术学院牵头实施湖北教育援疆名校带动战略，充分发挥引领示范作用。学校积极协调，广聚资源，精准施策，着力深化校地合作办学，促进新疆博尔塔拉蒙古自治州职业教育事业提档升级和全面发展。一是帮助组建博尔塔拉职业技术学院，结束博州、塔城、阿勒泰三地州长期没有高等教育的历史。二是派出管理干部、骨干教师20余人轮流驻疆工作。其中：3人历任博州中职学校校长、副校长及博州职业学院副校长，3人兼任博州湖北职教园理事会名誉理事长、副理事长和理事，4人担任专业负责人和专业带头人，8人次荣获省市优秀援疆干部人才、博州教育系统优秀共产党员等称号。对口帮扶博州职业教育以来，培训教师1 359人次，捐赠设施设备值53万元。精准对接，精心帮扶，指导建成3个实训基地、24个专业实训室，建设12个专业和648门课程。

天津交通职业学院汇聚天津交通职教集团成员单位优势资源，与西藏昌都、云南怒江、河北青龙、新疆等地区七所职业院校签订帮扶协议。从区域系统援建、品牌整体输出、专业校企共建、师资综合培训、人才订制培养五条路径对接贫困地区发展需求，使对口援助工作制度化、规范化，创建了多元聚力、五径施策的中西部职业教育精准帮扶模式。协同合作企业建立"雪莲花"基金，向昌都职业院校品学兼优的贫困学生资助32万元，惠及1 100余名贫困学子。发挥汽车、物流专业优势，与受援院校共建专业13个，援建实训室 9 个。选派 24 名专业带头人及骨干教师，深入受援院校任教，指导专业建设。通过专业培训及专题讲座等形式培训教师 620 余人次。

宁波职业技术学院先后与青海柴达木职业技术学院、黔西南民族职业技术学院等 9 所中、西部职业院校建立对口支援关系。充分发挥自身人才和资源优势，建立全方位校校支援协作机制。派出指导教师和挂职干部 80 余人次全方位参与教学和管理工作，帮助受援院校全面提升教学能力和管理水平，提高受援院校教育脱贫能力。依托设在本校的教育部高职高专现代教育技术师资培训基地，为贫困地区开展师资培训 3 000 余人次，增强帮扶对象自我造血功能。组建专家团队 6 次深入青海柴达木职业技术学院调研、论证，历时一年，帮助该校完成发展规划编制工作，明确发展目标、路径，增强该校服务西部民族地区脱贫攻坚的能力。接收来自多个受援院校 30 余名实岗挂职干部，落实一对一帮扶措施，挂职干部回去后成为了各受援校的中坚力量。

湖南科技职业学院对口支援新疆吐鲁番地区，在基础设施、师资队伍、实训条件、专业建设等多个方面给予吐鲁番市中等职业技术学校全方位援助，帮助其成功升格为吐鲁番职业技术学院。学院党委书记和校长近三年连续深入吐鲁番地区开展扶贫协作，把脉吐鲁番职业教育，就促进民族团结、助力专业建设、提升教师队伍素质等开展了一系列精准帮扶活动。同时，牵线北京四方利水投资有限公司与吐鲁番职业技术学院签订了三方帮扶合作协议，使帮扶主体拓展到校企合作企业。通过长期交流交融，两校建立了稳定的合作关系，实现了资源共享、专业共建、师生互派。吐鲁番职业技术学院办学水平不断提升，职教扶贫功能更加凸显。援疆教师与少数民族教师开展"湘吐教师手牵手、教育教学肩并肩"结对帮扶活动，培育了一批带不走的当地教师队伍，助推新疆吐鲁番地区职业教育发展。

上海电子信息职业技术学院以学校牵头的上海电子信息职业教育集团为平台，通过培训研习、上门指导、挂职锻炼、国外考察和专业对接等帮扶渠道，精准对接云南省楚雄彝族自治州多元化需求，促进对口帮扶工作落实、落细、落小，形成大平台、多渠道对口支援新格局，带动了楚雄州职业教育发展。通过帮扶，楚雄州职业教育在办学理念更新、培养模式改革、教育教学改革、实践能力提升、教学方法改进、国际视野拓展等方面取得了明显的进步。在双方共同努力下，楚雄州完成了现代职业教育体系建设规划，构建了职业教育五个一体化建设格局，形成了职业教育师资培训体系，促进当地职业学校形成一批紧跟市场、产教融合的骨干专业。

　　枣庄科技职业学院选派援疆干部、教师对石河子工程职业技术学院对口帮扶，在教学管理、系部发展、专业建设、课程建设、教学活动等方面进行精准指导。援疆干部发挥各自优势，发扬兵团精神、胡杨精神，开拓进取，无私奉献，帮助受援学校完善相关制度，明确工作标准，优化工作流程，真心实意帮助受援学校提高专业能力和办学水平。2020 年4 月，面对疫情防控紧张形势，3 名援疆干部肩负使命，自驾"逆行"援疆支教，成为当时唯一到岗的援疆工作组。根据疫情防控需要，帮助制订学院医务室建设方案，优化常见疾病校内诊疗流程，在疫情防控斗争中发挥了重要作用。

3. 产教融合，助力西部地区产业

　　东、中部高等职业院校利用专业、人才、技术、资金等方面优势，携手相关企业，搭建合作平台，在对口帮扶的西部地区开展技术研究和产业开发。同时，部分涉农高等职业院校开展种植、养殖技术培训，为西部贫困地区发展产业提供技术支持。部分高等职业院校发挥市场营销、电子商务等专业优势，帮助西部地区建设电商平台或者开展网络直播带货，促进西部贫困地区农产品销售，助推农家乐、乡村游、采摘节等活动持续火爆。面对新冠肺炎疫情的不利影响，高等职业院校积极开展消费扶贫活动，如南京科技职业学院挖掘消费扶贫潜力，加强组织动员，创新消费扶贫方式，增设食堂扶贫窗口和扶贫专柜，促进贫困地区农产品销售。东西部高等职业院校结对帮扶，有效助力西部地区产业发展，帮助当地群众实现增产增收，为西部地区长期、稳定脱贫致富奠定了坚实基础。

◎ 常州工业职业技术学院为甘肃舟曲县贫困劳动力开展旅游管理技能培训

◎ 青岛酒店管理职业技术学院对口帮扶甘肃省陇南市两当县开展民宿酒店技能培训

 3-3-3

发挥优势，为西部地区产业发展提供技术支持

江苏经贸职业技术学院以项目为纽带、以需求为导向、以立志为根本、以扶智为主线、以扶技为手段，对新疆克孜勒苏柯尔克孜自治州阿克陶县贫困群众采取针对性、菜单式培训，取得了良好的效果。累计培训阿克陶县玉麦乡普通农牧民99人。经过培训，有学员在当地开办了烧烤店、包子铺以及家电维修部等，初步实现脱贫致富梦想；有学员在旅游景区开设农家乐、在家开办网上购物商城；还有学员经考核进入各类就业岗位，为促进边疆少数民族地区经济发展发挥了积极作用。扶贫方式由单纯对口支援西部中高职院校，逐步下沉到新疆克孜勒苏柯尔克孜自治州未就业大学生就业创业培训，再到边疆基层少数民族普通农牧民脱贫技能培训。帮扶形式更加多样，帮扶措施更加具体，帮扶成效更加明显，逐步形成了扶志、扶智、扶技、扶业体系化东西部协作扶贫模式。

江苏农林职业技术学院与渭南、榆林、普洱、拉萨等地区对接，积极开展精准扶贫、精准脱贫工作。通过师资交流、产业帮扶、技术培训、学费减免等方式，持续加大职教扶贫力度。引入陕西榆林梅山猪和枫泾猪风土驯化，推行"科研院所＋龙头企业＋农户"的扶贫模式，鼓励和支持榆林佳县贫困农民投入养猪生产，从龙头企业获得养猪利润分红，产生直接经济效益千万元以上。发挥合作单位的辐射作用，为当地贫困户提供生产资料，开展各类培训，助力当地233个贫困户脱贫摘帽。面对非洲猪瘟的严峻疫情形势，在榆林市建立了江苏太湖猪良种繁育基地，对梅山猪异地保种产生了极为重要的科研价值和社会效益。

厦门软件职业技术学院创新扶贫培训模式，开展农户直播带货培训，帮助初创电商、直播农户打开销路，有力促进榆中县农产品销售。学院联手中华全国台湾同胞联谊会、厦门广播电视集团，发起"助力甘肃榆中县扶贫培训＋直播公益活动"，为促进贫困地区经济发展、精准带动贫困户脱贫增收发挥了重要作用。在培训实战直播环节，全网曝光量达1 750万人次，总观看用户达56.52万人，累计销售额达40多万元，帮助当地初创电商、试水直播农户大幅增加产品销售额。

苏州经贸职业技术学院发挥本校电子商务重点专业特色优势，坚持走电商扶贫新路径。与贵州铜仁、甘肃天水等3个贫困村、2个市辖区街道对口扶贫合作，帮助167家农户开微店，走出一条电商扶贫脱贫攻坚路。组建电商"益路黔行"志愿服务团队，开展智力扶贫；组织开展甘肃天水电商精准扶贫调研，产生扶志效应；积极开展"爱心志愿"支教活动，共建美丽乡村。受援贫困地区通过电商销售土特产累计金额达372万元，为3个贫困村脱贫摘帽做出了积极贡献，产生了显著的经济效益和社会效益。

山东旅游职业学院举办青海省海北州旅游服务技能培训班、海北州全域旅游示范州和5A级旅游景区创建培训班以及海北州职业技术学校烹饪专业学生培训班，促进海北州全域旅游发展。培养一批优秀专业骨干人才，为海北州旅游业发展提供全方位支持。在海北州全域旅游示范州创建培训班上，除知名专家的理论授课外，还组织学员到旅游发展先进地区实地考察和实践教学，亲身体验全域旅游示范区创建中的先进做法和成功经验。

苏州农业职业技术学院依靠涉农专业资源优势，开展实用技术培训，把最优科技成果带给农民。对贵州、陕西、山西、广西等西部贫困地区开展结对帮扶，培训基层农技人员与新型职业农民500多人次。为西部地区走出一条具有当地特色的现代农业发展新路，建设标准化农产品生产基地，培育和壮大农业龙头企业，开拓发展创新型农业，提供了思路和样本。选派7名专家赴贵州省江口县开展支农服务，就莼菜基地建设、猕猴桃品质控制、野生猕猴桃种质资源利用、野生兰花种质资源保护、茶叶病虫害防治与高标准茶园建设进行技术指导，助力西部贫困地区脱贫攻坚。实施"支援中西部地区招生协作计划"，完成招生1 054人，对来自受援地区的194名学生免除三年学费，对建档立卡学生给予国家助学金和交通费补助，免除公寓用品费用。

特别
鸣谢

入选案例的"双高计划"建设学校（87所）

学校名称	省份
北京电子科技职业学院	北京
黄河水利职业技术学院	河南
江苏农林职业技术学院	江苏
无锡职业技术学院	江苏
山东商业职业技术学院	山东
浙江机电职业技术学院	浙江
金华职业技术学院	浙江
顺德职业技术学院	广东
广东轻工职业技术学院	广东
长沙民政职业技术学院	湖南
常州信息职业技术学院	江苏
南京信息职业技术学院	江苏
日照职业技术学院	山东
杨凌职业技术学院	陕西
天津医学高等专科学校	天津
浙江金融职业学院	浙江
宁波职业技术学院	浙江
重庆电子工程职业学院	重庆
重庆工业职业技术学院	重庆

续表

学校名称	省份
福建船政交通职业学院	福建
兰州资源环境职业技术学院	甘肃
南宁职业技术学院	广西
海南经贸职业技术学院	海南
武汉船舶职业技术学院	湖北
湖南铁道职业技术学院	湖南
江苏经贸职业技术学院	江苏
常州机电职业技术学院	江苏
新疆农业职业技术学院	新疆
安徽商贸职业技术学院	安徽
北京农业职业学院	北京
北京信息职业技术学院	北京
福建信息职业技术学院	福建
黑龙江农业经济职业学院	黑龙江
黄冈职业技术学院	湖北
武汉职业技术学院	湖北
湖南工业职业技术学院	湖南
湖南工艺美术职业学院	湖南
江苏建筑职业技术学院	江苏
浙江建设职业技术学院	浙江
重庆城市管理职业学院	重庆
福州职业技术学院	福建
酒泉职业技术学院	甘肃
广东水利电力职业技术学院	广东

学校名称	省份
柳州职业技术学院	广西
铜仁职业技术学院	贵州
唐山工业职业技术学院	河北
河南农业职业学院	河南
河南工业职业技术学院	河南
河南职业技术学院	河南
许昌职业技术学院	河南
襄阳职业技术学院	湖北
武汉铁路职业技术学院	湖北
长沙航空职业技术学院	湖南
江苏工程职业技术学院	江苏
苏州工艺美术职业技术学院	江苏
苏州农业职业技术学院	江苏
山东畜牧兽医职业学院	山东
潍坊职业学院	山东
山东交通职业学院	山东
陕西职业技术学院	陕西
成都职业技术学院	四川
天津交通职业学院	天津
浙江交通职业技术学院	浙江
浙江经贸职业技术学院	浙江
浙江经济职业技术学院	浙江
重庆工商职业学院	重庆
中山火炬职业技术学院	广东

续表

学校名称	省份
广东机电职业技术学院	广东
广东工贸职业技术学院	广东
广西建设职业技术学院	广西
贵州轻工职业技术学院	贵州
承德石油高等专科学校	河北
河北化工医药职业技术学院	河北
石家庄邮电职业技术学院	河北
湖北交通职业技术学院	湖北
岳阳职业技术学院	湖南
徐州工业职业技术学院	江苏
南京铁道职业技术学院	江苏
无锡商业职业技术学院	江苏
辽宁机电职业技术学院	辽宁
东营职业学院	山东
青岛酒店管理职业技术学院	山东
陕西能源职业技术学院	陕西
咸阳职业技术学院	陕西
昆明工业职业技术学院	云南
浙江警官职业学院	浙江
浙江艺术职业学院	浙江

后 记

习近平总书记指出："扶贫开发贵在精准，重在精准，成败之举在于精准。"教育部党组高度重视教育脱贫攻坚工作，动员各级各类学校积极投入到精准扶贫工作中。中国高等职业院校精准扶贫也要在"精准"上下功夫。

一是精准识别帮扶对象。面向贫困地区精准培养技术技能人才，面向"三区三州"等深度贫困地区精准帮扶当地发展教育、产业、生态、医疗、文化等社会事业，面向西部地区精准开展东西协作、定点帮扶、对口扶贫等工作。

二是精准制订帮扶措施。通过人才扶贫、智力扶贫、结对扶贫等方式，培养培训一大批技术技能人才和脱贫致富能手，精准阻断贫困代际传递，改善贫困地区发展面貌，精准帮扶贫困地区脱贫致富，实现"扶贫和扶志、扶智相结合"，从"输血式"扶贫向"造血式"扶贫转变。

三是精准考评帮扶成效。脱贫攻坚不是一蹴而就的事情。必须不断回顾总结、积累经验、总结教训、一以贯之，不断提高帮扶成效、巩固脱贫成果。既要扶贫脱贫，更要防贫防返贫。

近八年的中国高等职业院校精准扶贫实践，生动诠释了高职人在脱贫攻坚战中的使命担当，充分展现了中国高等职业院校在脱贫攻坚战中的精神风貌，深刻体现了中国高等职业院校群体在脱贫攻坚战中的独特贡献，必将永载史册。

本报告立足讲好中国高等职业院校精准扶贫故事，全面总结了2013—2020年中国高等职业院校精准扶贫工作开展情况及所取得的成效，具有重大的历史与现实意义，受到社会各界的广泛关注。

本报告由现代职业教育研究院、全国职业院校精准扶贫协作联盟、奥鹏远程教育中心、武汉职业技术学院社会职业与职业教育研究院等单位共同参与组织并承担编撰工作。全国各省（区、市）教育行政部门和各高等职业院校在数据采集、案例征集过程中给予了高度重视和积极配合。曹玉梅（江苏）、刘健（福建）、邢顺峰（山东）、于永明（浙江）、鞠洪（贵州）、孔祥恩（湖北）、陈垠亭（河南）、王仁祥（湖南）、裴鸿卫（江西）、储常连（安徽）、张澜涛（四川）等省主管领导亲自挂帅、亲自督战，亲自把关数据和案例填报、审核等工作，为数据采集、案例征集工作做出了积极贡献。全国职业高等院校校长联席会议、中国高等教育学会职业技术教育分会、中国职业技术教育学会高等职业技术教育分会等机构为本报告的编制提供了大力支持。

武汉职业技术学院、湖北科技职业学院、湖北工业大学、武汉船舶职业技术学院、南京信息职业技术学院、湖南工艺美术职业学院等单位为本报告的编制提供了强大的资源保证。本报告由彭振宇总执笔，负责统稿及案例审核；陶济东、夏学文、夏光蔚、马丹、邓香生、徐坚、王林等同志参与了编制撰稿工作；王林、侯兴蜀、高宁、张伟、董晨、王江辉、王幸、彭渝、祁志昆、李斌、徐艺、侯丽华等同志提供数据统计分析、图表制作、案例整理等方面的技术支持。

对以上单位和人员的支持与辛劳付出，在此一并表示诚挚感谢。限于时间、水平，报告难免有所疏漏，敬请广大读者批评指正。

《中国高等职业院校精准扶贫报告（2013—2020年）》编写工作委员会

2020 年 10 月 15 日